U0138853

凝煉知識品味閱讀

# 翻轉教室的理論與實務

潘奕叡
吳明隆 著

五南圖書出版公司 印行

# 序

「翻轉教室（flipped classroom）」是教師提升教學效能的一大策略。翻轉教室的策略應用，直接影響了學生的學習質量與成效。相較以往，數位時代下的教師在面對資訊充斥的知識型社會時，必須清楚地了解新世代的學習型態轉變、教與學的角色轉換，以及思考提供學生有意義的知識內容之策略方法。身處這個世代，教師的任務更加艱鉅、更具挑戰，然而，適當地應用翻轉教室之策略可打造一門具深度且具效率的課堂。其中，教師必須具備翻轉教室的相關知識、理論與資源，並將其應用於適當的教學時機之中，循序漸進地引導學生爲自己的學習負責、培養自主學習的能力、同時加深學習的層次與學問的應用，進一步拉近師生之間的距離、提升教與學之質量和成效，培養學生往後能「帶著走的能力」。Aaron Sams（2014）在天下雜誌所舉辦的國際閱讀教育論壇中提到：每一位優秀的教師都有一個特別的故事，故事的主角是自己班上「特別」的學生，教師總是會想盡辦法「抓住」這些特別的學生。這也是爲什麼 Sams 和同事 Bergmann 能將翻轉教室的教學策略發揮得淋漓盡致的原因之一。

《翻轉教室的理論與實務》一書涵蓋了八個主題，分別是：「優良教師的特質」、「以學生爲中心的教與學」、「翻轉教室之起源與發展」、「翻轉教室之相關理論」、「非翻轉不可？」、「如何開始你的翻轉教室？」、「如何開始你的學思達教室？」，以及「翻轉教室之實際案例」。這八個主題是翻轉教室的核心概念與應用，從最初論述教師的特質開始，到中間章節介紹翻轉教室的歷史、實際的翻轉教室之課堂內與外的介紹與操作、學思達之操作等，再到最後一章節的翻轉教室與學思達的實際案例介紹，每一章節環環相扣，由淺入深地梳理出與翻轉教室相關的知識議

題。其中，本書除了介紹搜尋現有的翻轉資源之方式以外，亦整理了一些可用於製作數位教學影片的工具與其使用方式，冀望協助教師們更輕鬆地製作具針對性的數位教材，有效提升教學效能和品質，降低備課時間與壓力，創造出更友善的教與學的環境。

最後，本書可以順利出版要感謝五南圖書出版公司協助和幫忙。期盼本書的出版，能拋磚引玉讓想更進一步認識「翻轉教室」教學策略的第一線教師或未來的準教師，甚至是關心教育議題的家長、學校機構單位和社會大眾都能有所啓發且有其實質上的效用。同時，也期許本書能讓社會大眾重新思考數位時代下的教與學本質，讓教育多一點可能，也多一些選擇。「翻轉教室」不該只是一波波盲從的浪潮，而應是一次次對教學的深刻省思，思考著教育的本質，以及翻轉的核心價值。

潘奕叡　吳明隆

2015.4.15

# 目錄

第一章

# 優良教師的特質

Walker（2010）從教師特質與課堂教學活動提出高效能教師的十二項特質：

### 特質一：做好準備的（Prepared）

最有效能的教師們是在每天的課堂上都是已經準備好可以上課的。

1. 學生在他們的課堂上可以輕鬆學習，因爲教師已經準備好課程。
2. 教師不會浪費任何授課的時間。他們會準時上課，且教師們會完整地運用他們的授課時間。
3. 學生們會覺得在這些教師們的課堂中時間過得很快。也就是說，他們不會覺得無聊，也不太可能會打瞌睡。

### 特質二：樂觀的（Positive）

最有效能的教師們對於教學及他們的學生都抱持著樂觀的看法。

1. 對於每件事情／情況總是從正向面的方向去解讀。
2. 學生有需求的時候，他們總是能在學生身邊作爲學生的支持。
3. 與學生溝通、討論他們的進步。
4. 給予學生讚賞（掌聲）及認同。
5. 有技巧、策略地幫助學生們之間正向的相互學習。

### 特質三：有著高度的期待（Hold High Expectations）

最有效能的教師們認爲學生們是沒有設限的，且相信每個學生都會成功。

1. 教師會秉持著最高原則或設定較高的標準。
2. 不斷要求學生，激勵他們做到最好。
3. 建立學生的自信，且教他們相信自己。

### 特質四：創新（Creative）

最有效能的教師們在他們所任教的課堂上不但是經驗豐富的，且也是具創新的。

1. 若是班上的學科成績達到標準，他們會做出非常另類的事情以娛樂班上同學。
2. 穿小丑裝，讓同學覺得教師也有幽默一面。
3. 願意參加學校的才藝表演；願意犧牲色相。
4. 在教室裡使用科技產品來使教學更有效率。

### 特質五：公正公平的（Fair）

最有效能的教師們在處理學生事務和打成績方面都是公平的。

1. 教師允許每個學生擁有相同的機會及權力。
2. 教師會提供明確的班規。
3. 了解所謂的「公平」不一定是給予每個學生相同的對待，而是給予每個學生相同的成功機會。
4. 了解並非所有學生都能以相同的方式來學習，所以也不會用相同的方式來評定學生的學習活動。

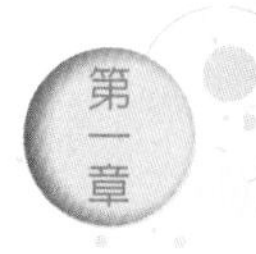




### 特質六：對學生們做個別的接觸（Display a Personal Touch）

最有效能的教師們是讓學生覺得教師們是可以親近的。

1. 教師能與學生個別聯繫。
2. 教師在課堂上，會與學生分享他們自己個人的經驗。
3. 教師會對學生表達關心，且盡可能的了解他們。
4. 教師會踏入學生們的世界。比如，能與學生們在自助餐廳裡吃飯；出席他們的運動賽事並爲他們加油；還包括其他在學校時間以外的任何事情。

### 特質七：培養出歸屬感（Cultivate a Sense of Belonging）

最有效能的教師們能夠使學生覺得他們在這個班級上是受到歡迎且感覺舒服的。

1. 有效能的教師會讓學生們覺得他們對這個班級有歸屬感。
2. 學生們會知道他們有一個非常熱愛教學勝於其他所有工作的教師。

### 特質八：有同情（理）心的（Compassionate）

最有效能的教師們關心學生們的個人（私人）問題，且可以同理他們的遭遇。有許多動人的教學故事是因爲一個有愛心的教師對學生們所遭遇的問題表達同情，而深深影響了學生，甚至改變他們的一生。

### 特質九：有幽默感的（Have a Sense of Humor）

最有效能的教師們並不把事情看得太嚴重，且會使學生們的學習盡可能的有趣。

1. 教師會運用幽默感來破解困境。
2. 教師會將他們的幽默感帶入每天的教室裡。
3. 開開同學們的玩笑，但並不會犧牲任何一個同學成爲玩笑的笑柄。

### 特質十：尊重學生（Respect Students）

最有效能的教師們並不會故意去讓學生覺得難堪。尊重學生的教師們，將得到學生們最高的尊敬。

1. 當發還學生們的考卷時，教師會尊重學生們的隱私。
2. 當教師討論某位學生的分數或行爲時，會私底下找他談話。
3. 對於可能會使學生困窘的場面保持高度的敏銳度，並盡可能避免此情形發生。

### 特質十一：寬容的（Forgiving）

最有效能的教師們不會對學生懷恨在心。

1. 教師會原諒學生的不當行爲。
2. 教師會習慣性的將每天視爲嶄新的一天，沒有隔夜仇。
3. 教師知道對於想更進一步了解問題學生們，寬容是必要的。
4. 了解到學生們的叛逆、反社會行爲會使教師槓上這些學生，但堅持不放棄這些問題學生，最後成功是雙方的。教師懂得採用雙贏策略處理學生不當行爲。

### 特質十二：承認錯誤（Admit Mistakes）

最有效能的教師們若是犯錯能夠馬上承認自己的錯誤。他們：

1. 教師錯怪學生時會向當事者道歉。
2. 當學生指出教師在評分上或是在考試範圍上的錯誤（如，沒教，但卻考出來了）時，教師會做出調整。

此外，Bassett（2013）也提出了好教師所共有的二十五項特點：

1. 喜愛孩子，並做他們的良師益友。
2. 知道孩子是如何思考，並且會激發他們進一步的思考。
3. 對於自己所任教的科目散發出熱情，但是知道自己是在教「人」而不只是在教「書」，避免只講述教材內容。
4. 當他們洞悉隱藏在學生裡的德行及才華時，會藉由方法成就自己的學生。
5. 同理（情）最脆弱的學生，並在學生經歷人生風暴時提供一個安全的避風港。
6. 藉由學生對尋求知識的好奇心與對知識積極的探索，了解學生是否具有高的學術知能傾向；藉由學生的同理心行爲、社會判斷，及對於談論危險議題時的高度敏感，察覺出學生的情緒智能。
7. 對於自己的教學抱著實驗的態度，並結合科技使自己的課堂更豐富，勇於創新接受挑戰，走在教育改革的前端，改善教師的教學與學生的學習。

8. 樂於當其他擁有很棒教學點子的教師之頭號粉絲。
9. 無時無刻跟上教學研究領域的發展趨勢，特別是針對他們所任教的學生族群有關方面的研究發展。
10. 會隨著孩子的需求及能力來調整自己的教學，而不是期望所有的孩子來適應自己一成不變的教學模式。
11. 能與學校裡的教師和學者們有交流互動，無論是在實地社群，或是在數位社群裡交流均可以。
12. 教師能與自己的同事合作並相互支持，深深關切學校內的文化與學校風氣。
13. 與其用固定的方式評量學生，不如用一個更彈性或是更符合學生個別差異的方式來衡量學生的能力。
14. 做一個 21 世紀學校期望自己學生所具備之能力與特質的好榜樣。教師應具備的能力與特質：品德高尚、有創意、善溝通表達、互助合作、具批判思考能力及擁有世界觀與多元化觀。
15. 創造一個正面積極、成就導向、公平公正的班級文化，而這樣的文化是紮根在教師相信每個孩子都能成功的信念上。
16. 找尋正確的支點，發揮槓桿原理的功效來成就每個孩子的天賦，而不是緊咬著孩子的缺點不放過他們。
17. 支持學校的領導單位（如：行政單位），包括主動解決問題而非為行政單位製造問題。
18. 把學生在學業上的失敗只當成是學生學習活動的部分而非全部，並努力陪著學生，勉勵學生力求進步。
19. 對於學生課業以外的事務應展現更多的關注，參與出席他們

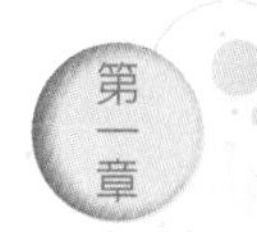


的比賽、音樂會及展覽活動。

20.熱愛生命，且展現出來。

21.在學校教學時，若時間點合適，找到一個方式來表現出自己的客觀態度、與對社會的倫理觀，讓學生批評思考。

22.喜歡學習，並隨時調整自己能深值學生心目中的教學思維。

23.擁抱差異，並展現多元文化的包容力；面對差異，以好奇心代替主觀批判。

24.勇於任事，即使不是自己職權範圍，也要找出有效方法，使自己有主導權利，可以協助介入處理。

25.就像 Chip and Dan Heath 在他們一書作品 "*Switch*" 裡所做的那樣，爲你的學生繪製一張夢想藍圖，並清楚地告訴你的學生接下來你要帶領他們去哪裡，又如何抵達那裡。

爲了能夠提供學校評估優良教師的條件，Cruickshank 與 Haefele（2001）綜合二者歸納得出：早期優良教師特質分類包括 (1) 理想教師（ideal teachers），其特質包含情緒穩定、道德行爲、表達能力、影響力和個人魅力。隨後，在 1960 年後又更進一步納入其他的評定標準，認爲一個好的教師特質亦包含 (2) 具分析能力的特質（analytic teachers），即是能使用客觀的評量來評定自己的教學意圖。1966 年時又提出 (3) 有效能教師（effective teachers），是具有協助學生達成目標的能力。(4) 職責型教師（dutiful teachers），是能評估該教師能否理解與執行其義務，例如：學科知識之傳授、班級經營技巧。到了 1970 年開始注重 (5) 教師的競爭力（competent teachers），認爲適任的教師須通過評定來取得資格。1980 年尾聲時又開始出現 (6) 專家級教師（expert teachers）的聲浪，認爲專家教師比一般的教師具有知識的可取得性、創新以及在有限的時間內能供給最大的知識學習。(7) 反應型教師（reflective teachers），則須整合藝術及科學的教學來變成完善思考型的實務者。(8) 滿足型教師（satisfying teachers），會照顧學生，並且滿足學生父母、同仁及上級的需要。(9) 多元回應型教師（diversity-responsive teachers），則會對不同種族、文化背景、身心有特殊差異的學生保持敏感度並且能夠回應。最後一項是 (10) 尊重型教師（respected teachers），亦即能表現出尊重及符合倫理的特質。

Iloveindia 網站上列舉優良教師的特質包括：良好溝通者、會重複者執行事項者（即有耐心者）、情緒控制者、具幽默感、做好時間管理、公平展現專業、具學科專業、嚴謹與敏銳度、領導者及與他人建立朋友關係。如下：

1. 良好溝通者：能夠解釋事情並且享受於重複性的事件的詮釋。
2. 情緒控制者：有時候會想要對學生咆嘯，但一位好教師能夠在此情形下控制好情緒。
3. 幽默感是好教師須具備的工具，可幫助教師簡化他的挑戰。當使用妥當時，也是促進成功教學的利器。
4. 好教師還必須要具備時間管理的技巧，能夠重視並且善用時間。
5. 當面臨評估與決策時，在其專業以及學生的表現上能夠展現公平的態度，而不參雜個人因素。

6. 具備學科專業，並能回應課堂上的提問。
7. 能專注於工作，在課堂時間中充分發揮，並利用課後時間參與研習或其他適當的學習。
8. 一位謹慎與細心的教師能妥善管理工作及發揮其意義。
9. 好的教師同時也是一位好的領導者與好友，能作學生的好榜樣。

一位好的教師有許多不同的特質，Buzzle 網站對於優良教師的特質的論述包括：

1. 信心：這是教師需要具備的特質中，最重要的一項。要應付種種學生的問題可不是件容易的事，尤其需要教師的成熟度。有自信的教師不會因爲犯錯而失去信心，犯錯是人的天性，不會因爲是教師就有例外。
2. 同理心：同理與理解的能力也是教師相當重要的特質之一。許多學生的問題是需要被理解的，單單地要求或施加壓力對於問題的處理沒有正向的幫助。這項特質不但能增加對學生狀況的了解，也會使教學變得容易些。
3. 耐心：有耐心的教師被認定是最好的。不同的學生在面對同樣的概念需要的時間可能有很大的差異，因此保持平穩與耐性在幫助學生與教學上都是很重要的。
4. 創造力：這也是非常重要的特質，在每天標準程序的教學中，很難享受教學和學習的樂趣。然而，教師可花心思使得教學變得更有趣，例如：加入生動的練習或技巧來讓課堂活動更含趣味性。

5. 熱情：一位好教師的熱情也很重要。若不是能對工作有熱情，誰都無法長待。有熱情的教師也會爲學生創造出正向的學習環境。

Mecr（2015）在優良教師的七項特質中，認爲好教師須具備的特質有：

1. 一位好的教師能夠對學生保持友善及眞誠一致。能夠讓學生不產生懼怕並能分享自己的困境絕對是一項加分的特質，而不是將教師視作敵人。
2. 無庸置疑，好教師亦需要有正向的人格特質。學生與正向人格特質的教師較容易溝通、理解，進而有較好的結果。
3. 豐富的學科知識與教育知能亦是好教師的重要條件。將學識傳授給學生是教師的職責。
4. 良好的溝通能力在教師的授課能力上很重要，除了能夠清楚地傳達授課內容之外，還能提升學生的聆聽意願。
5. 教師也需要是一位好的傾聽者，學生並不是總是想聽教，他們也需要被傾聽。
6. 教師的幽默感也是重要的特質之一。尤其面對新生代的學生來說，他們更期待教師能增加課堂的有趣度。對教師而言，幽默感以及溝通能力也能更有效地經營班級。
7. 最後，在眾多特質裡，仁慈的特質是最爲重要的。不但能拉近與學生的距離，也更能受學生尊敬，進而增進學業的學習。

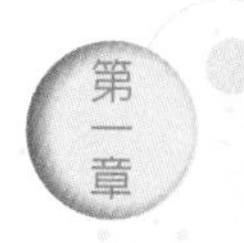


Ripple 網站上也列舉了優良教師的十項特質（The Top 10 Qualities Of A Good Teacher, 2015）如下：信心、耐心、有熱情、具洞察力、以不同方法看待他人、用不同方法解釋主題、奉獻追求卓越、積極支持學生、願意幫助學生提升學業、與學生分享榮耀、熱情有幽默感：

1. 好教師需要有足夠的自信心且不被挫折擊敗，尤其是面對青少年學生。最好的教師可以對自己犯的錯誤一笑置之。
2. 對於不同特質的學生，教師需要有足夠的耐心面對。
3. 對學生慈悲，且能夠對與學生相關的事務關心，並對學生特別關注的需求有敏感度。
4. 好教師亦能夠洞察學生和教學需要，他們不會有固著的教學方法，尤其當方法對學習無效用時能夠保持彈性，並做出適當的調整。
5. 能用不同方式與角度看待生命和解釋主題，好的教師能有不同的教學方式來幫助學生學習，而非只用當初自己學習到的方法。
6. 奉獻追求卓越。好的教師會砥礪自己與學生充分發揮，明白學生能夠卓越與否和自己的教學能力相關。
7. 積極支持學生，相信學生能被激發的潛能，並在受挫時鼓勵與支持他們。也會幫弱勢的學生對抗惡勢力，不讓學生陷入無助。
8. 願意幫助學生提升學業，願意教學至最後一刻，也願意課後花時間幫助需要的學生，而不會表現得與自己無關。

9. 最棒的教師會與學生分享榮耀，在學生達成某些成就時給予肯定，並且以你為榮。
10. 一位好的教師不會單單對他的學科感興趣，而是對生命保有熱忱。他們對一切事物的熱力與達觀會讓學生想要效仿。

Miller（2012）認為一位優良教師有十項特質（characteristics）：

1. 具教學熱忱。教師對該科目知識的熱情是會傳染的，學生會受到感染而增加學習的動力。
2. 具有創意。增加學習的吸引力，透過多樣的方式，學生自然學習。
3. 教師的幽默增添了上課的趣味性以及學生的專注，也因為學生不害怕犯錯而增進了學習的進度。另外，良好的上課步調也充分展現了教師對課程的準備，能善用上課時間並把握重點也能促使學生保持專注。
4. 能不時考驗學生的教師除了給予更多的練習機會之外，也傳遞了一種對學生能力的信任。（例如：在語言的學習上，教師在課內課外都和學生講該語言。）
5. 教師對學生的鼓勵、支持、有耐心及不放棄對學生的學習動機與信心來說很重要。
6. 認識學生的興趣，例如：嗜好、家庭、旅遊等主題來從個人出發，能更貼近學生也更容易將學習建立於個人的成就上。
7. 好教師能在他的專業上清楚解說，並能勇於承認自己的錯誤或不清楚之處，而不是含糊帶過。

8. 一位好的教師也能在課後回答學生的問題，鼓勵學生自己主動多思考與發問，並且肯定學生的學習動機。
9. 教師需要一視同仁、平權、性別平等，包含在課堂中談論的主題都需要考量和照顧到所有的學生，而非特定主題唯有男或女性可參與。
10. 好的教師不將私人情緒帶入課堂，教師在講台上是具有影響力的，個人的情緒會影響學生的學習權益。

Hamid 等人（2012）研究發現，優良教師的人格特質包含對教學的態度與專業度、幫助年輕學子成長的熱忱、能遵守專業倫理與紀律、能認識學生的獨特性。這些特質也符合了 Goldberg（1990）提出教師的情緒穩定性和開放性兩條件。不過，教師對學生的承諾與責任不只包含人格特質，尚須搭配教師的認知競爭力（即專業知識）。

Sandy（2015）認爲課堂教師角色是多元的，包括：

1. 教師—學生（teacher-student）：有效能教師最重要的一個特質是成爲終身學生。教師提供符合學生需求的教學時，也可回想自己當學生時的需求。
2. 學生—教師（student-teacher）：好的教師能夠用其專業來影響與帶領學生，而不是用其身分施加壓力。同時對於自己授課的科目具備充足的知識，也友善與尊重地對待學生。
3. 挑戰者（provocateur）：對學生詢問以開放式問句、刺激思考、有時扮演惡魔來觸發挫折，其目的是爲了砥礪更扎實的學習。

4. 熱忱（enthusiasm）：不只對單科目，而是透過有生氣、正向、好奇的態度來展現對所有學習與教學的熱情。
5. 創新者（innovator）：不斷嘗試使用不同的策略、技術、文字、媒材來取代舊的教學方式來為學生提供更好的學習經驗。
6. 娛樂者（entertainer）：能善用幽默來幫助學生更專注學習，而不是令其分心。
7. 嚮導（guide）：有效能的教師會幫學生增進他們的技術和視野，引導學生們創造自己的成功經驗，並從錯誤中學習。
8. 真誠的人（genuine human being）：能夠用從容而不是悲觀或憤世嫉俗的態度面對自己的錯誤以及世界上荒誕的事件。學生能因此從教師的身教中學習。
9. 衛兵（sentinel）：好的教師可以確保學生環境和意見上的安全，也就是創造無懼的空間可讓學生及教師自由表達和交流。而教師也能幫助學生辨認自己的意見和事實的區分。
10. 理想主義者（idealist）：引導學生築夢。能設立好夢想，才有趨近的可能，並用此態度在學生的生活中形塑出正面的影響。
11. 合作者（collaborator）：好的教師也是一位能與他人分享點子、想法和教材的合作者；同時也能在需要協助時向家長或同儕提出。
12. 革命者（revolutionary）：好的教師明白除了父母之外，教師扮演著培育學生最重要的角色。

爲此，Sandy（2015）認爲 有效能教師有以下的特質：

1. 正向期待（positive expectations）：透過教師相信學生能有卓越的表現，也能讓學生相信自己的能力。這樣的班級氛圍也能帶動在家中動機不高和支持度較低的學生。
2. 熱忱（enthusiasm）：能激起學生在課堂中的興趣。同時善用多變的語調、手勢和眼神接觸的方式來引起學生的注意。
3. 班級經營技巧（classroom management skills）：目的不是爲了要鞭策班級，而是有效地管理，包含學生的出缺勤、成績和紀律。
4. 設計活動單元（to design lessons and activities）：好教師的重要技能裡包含了能考量班級所需來設計問題討論、活動和作業，並且能評估學生的能力。
5. 建立關係（rapport with students）：一位好教師能與其學生建立良好的信任關係。

Wong 與 Li-fang（2013）研究測量幼稚園教師特質，採用的心理理論是榮格的人格原型，進行教師特質的分類：

1. 內向—外向型（extraversion-introversion）：代表與外在環境互動的方式。外向型人格傾向透過與外在世界接觸來做互動；內向型人格則較專注於內在思考。
2. 敏感—直覺型（sensing-intuition）：代表接收外在刺激的方式。敏感型的人偏好接收具體事實和現實的細節；直覺型的人則傾向於理解抽象概念和隱性的知識與技能。
3. 思考—感覺型（thinking-feeling）：代表決策的偏好方式。思考型的人喜歡用具體的標準和原則來做合理與客觀的判斷；感覺型的人比起決定本身，更關注他人的感受。

4. 判斷—知覺型（judging-perceiving）：代表主要心智運作的方式。判斷型的人較爲有組織、結構並能在有效期限內做出決策；知覺型的人則用有彈性、以可調整的方式來蒐集外在訊息，並偏好趕在期限前做決策。

其研究的結果與大多數的研究相似，發現具備敏感—感覺—判斷型（SFJ）特質的教師爲最適任幼稚園教師，意即能對工作有責任心、能考量他人以及對於有期限的工作感到勝任。

Gordon（2012）從教師效能研究中，歸納出高效能或有效能教師的特質：

1. 高效能教師是敏捷的，他們有豐富的學科領域知識與卓越的口語表達技巧（具精緻化語彙），因而可以很清楚地講解課程內容。
2. 高效能教師是準備充分的，他們知道如何設計課程與規劃有結構性的課程活動，具備有效的時間管理技巧，知道如何觸發學生的學習動機，知悉學生的需求或特殊需要，了解學生的困惑與學習困難，讓學生可以達到高學習成就目標。
3. 高效能教師擁有正向的特質、積極態度或正向的人格傾向，他們這種正向特質或人格傾向會引起學生行爲的改變，此種特質如關懷學生、有教學熱忱，精神飽滿有朝氣，能對學生有積極的態度看法與高度期待。

4. 高教效能教師是有良好班級經營技巧，他們雖然也會在遇到學生的行為問題或常規挑戰，但是他們知道如何有效快速處理的策略方法，讓破壞性行為降至最低，使學生心服，贏得學生尊敬；此外，他們會統合之前的特質，使班級經營的正面效益達到最大。

Harris 與 Sass（2009）在影響教師特質因素中，認為優良教師的特質與行為為：有關懷的人格、有熱忱的、會激勵學生的、有好的教學技巧、豐富的學科知識、有良善的溝通技巧、與學生有正向關係、與家長有正向關係、與教學團隊相處融洽、與行政人員互動良好。

也就是說，從學者觀點與教育實務現場顯示，一位稱職教師必須具備以下四項條件（如圖 1-1）：一為對教職工作有興趣並有高度的教育熱忱；二為具有豐富專門學科的知能；三為具備良好的教育專業知能，能有效經營班級，將學科知能傳遞給學生；四為具備正向的人

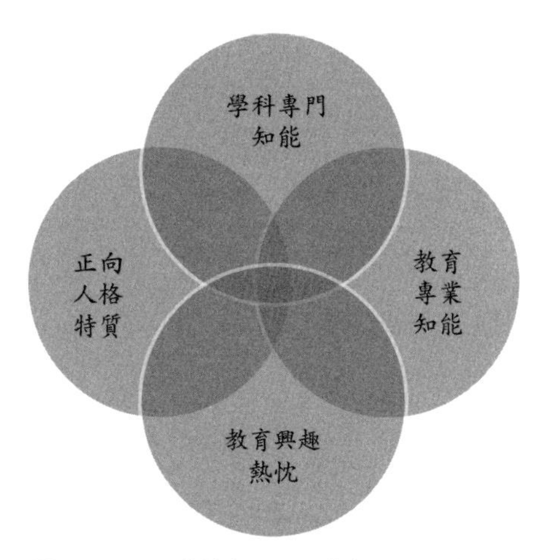


圖 1-1　稱職教師須具備的四項特質

格特質，營造友善班級與學習氣氛。

另外，實證研究也證實：一個有效能或優良教師必須具有正向的人格特質，此種正向人格特質包括：具有愛心、善與他人進行良性溝通、有效掌控情緒、樂觀幽默、具有創新進取精神。其中的創新進取精神在於配合時代脈動，調整自己教學策略，採用有效的教學方法，促發學生學習動機、培養學生正向人格、提升學生學習成就、導引學生多元智能發展，其目標是將每位學生帶上來，學生除習得基本認知層次之知識理解外，也能具備知識應用與分析能力，進而內化轉換爲創新評鑑之高階知識技能，因而教師要採用多種教學方法，安排多元學習活動，以適應個別學習學生的學習式態，培養全人教育的目標——學生認知、技能、情意均有正向改變，同時擁有不同程度之基礎、進階、高階的知識技能。

## 參考文獻


Harris, D. N., & Sass, A. T. (2009). *What makes for a good teacher and who can tell?* ED509684.

Gordon, L. M. (2012). *Good teaching matters, teachers matter, and teacher education matters.*ED538614.

Walker, R. J. (2010). *12characteristics of an effectiveteacher*. ERIC, ED509938.

Bassett, P. F. (2013). *Twenty-five factors great teachers have in Common.*ERIC, EJ1020346.

Cruickshank, D. R., & Haefele, D. (2001). Good teachers, plural. *Educational Leadership*, 58(5), 26-30.

Good Teacher Qualities (2015). The Buzzle website. Retrieved March 1, 2015, fromhttp://www.buzzle.com/articles/good-teacher-qualities.html.

Meer , S. H. (2015). *Top 7 characteristics and qualities of a good teacher*. Retrieved March 1, 2015, fromhttp://hunbbel-meer.hubpages.com/hub/Characteristics-Of-A-Good-Teacher.

Characteristics Of A Good Teacher. (2015). The Iloveindia website.Retrieved March 1, 2015, from http://lifestyle.iloveindia.com/lounge/characteristics-of-a-good-teacher-1807.html#d3M8ksqoUQKI0guT.99.

The Top 10 Qualities Of A Good Teacher (2015). The Ripples of website. Retrieved March 1, 2015, fromhttp://www.ripplesofimprovement.com/the-top-10-qualities-of-a-good-teacher/.

Miller, P. (2012). Ten characteristics of a good teacher. In English Teaching Forum (Vol. 50, No. 1, pp. 36-38). US Department of State.Bureau of Educational and Cultural Affairs, Office of English Language Programs, SA-5, 2200 C Street NW 4th Floor, Washington, DC 20037.

Abd Hamid, S. R., Hassan, S., Sariah, S., & Ismail, N. A. H. (2012).Teaching quality and performance among experienced teachers in Malaysia. *Australian Journal of Teacher Education*, 37(11), 5.

Goldberg, L. R. (1990). An alternative description of personality: The big-five factorstructure. *Journal of Personality and Social Psychology*, *59*, 1216-1229.

Sandy, L. R. (2015).*The effective teacher*. TheScribd website.Retrieved March 1, 2015, fromhttp://zh.scribd.com/doc/48494771/The-Effective-Teacher#scribd.

Wong, Y. H. P., & Li-fang, Z. (2013). Personality types of Hong Kong kindergarten teachers: Implications for teacher education. *Australian Journal of Teacher Education*, *38*(2), 6.

Neubauer, A. C. (2013). Differences in big five personality traits between alcohol and polydrug abusers: implications for treatment in the therapeutic community. *Int J Ment Health Addiction*, *11*, 682-692.

# 第二章

# 以學生為中心的教與學

傳統中小學學科主要教學的教學方法爲講述法，講述法是一種以教師爲中心的教學方法，教師透過口語講述，將學科單元主要內容或概念傳遞給班級學生，此種教學方式，教師會配合圖表、投影片、板書、教具等作爲輔助，將知識由上而下傳遞，此種講述方法在主要學科教學中，是最爲常見，也是教師最喜愛的方法。因爲使用講述法時，教師可以有效控制調配時間，能自編課程補充素材，能將重要的單元核心概念或知能，以最短時間內讓學生知道，教師可以有效掌控教學進度，完成教學基本程序。如果教師講述清晰，有豐富的肢體語言，善用輔具教具、板書、數位媒體等，則教師可以在學校安排的課程時段內，完成各單元的教學工作。

講述法的教學流程一般是回顧與動機引發階段、教學發展階段、統整與綜合階段，以一節 50 分鐘的教學時程而言，動機引發階段約 5 至 10 分鐘、新單元教材內容主要教學約爲 25 至 40 分鐘、統整練習約爲 5 至 10 分鐘。爲了測試學生是否眞正明瞭教材內容或知識概念，講述教學法中，教師會配合學習單或作業讓學生實作練習，或是採用問答法來詢問學生。講述法是目前能讓學生在短時間內獲得重要訊息的教學法，爲了讓學生能聚焦於教師講述的內容，專心聽講，理解新教材內容，教師在講授時的聲音與語調必須有抑揚頓挫、將教材內容以學生聽得懂的語言表達、掌控教材的重點與課程時間、安排有效的學習活動。

在升學制度與課程進度要求下，知識或資訊的傳遞，以教師爲中心的講述法無疑是較有效率的方法，此種方法因以教師爲中心，教師可以精準掌控教學進度、安排課程時間，較有彈性，在有限時間壓力下將教材內容或知識概念講授給學生知悉，爲了能讓學生能聽得懂教材內容、有效筆記學習重點，教師必須將課程教材消化吸收再轉述給學生知道，教師不能照本宣科，或是以讀課本內容的方式講授，否則無法吸引學生學習、提升學習的學習動機，因而教師課前要充分備課，課堂中以最簡單的口語表達，最完整的教學風格、最有趣的教學方式，讓學生專心聽講，課後安排學習評量，以讓學生習得基本層次概念的知識、理解課程內容。

至於學生方面，要有效的接受教師講述的內容，必須課前預習、課中專注聽講、課後複習。講述教學法下，學生的角色是被動的，知識的傳遞模式是由上而下的，若是課堂中教師講述不清楚，學生沒有專心聽講，或是無法理解教師講述內容，即使教師單元內容講述完畢，學生也無法習得單元內容的知識，無法吸收教師所傳遞的知識或資訊，學生有聽沒有懂，因而在課後評量中總是有部分學生無法達到基本評量標準。課堂中學生聽不懂，也不敢發問，久而久之，無法趕上學習進度，這些學生就是需要進行補救教學的對象。

以教師爲中心的講述法並沒有不好，如果教師應用得宜，對於學生知識獲取與資訊接收也有很大的效益，尤其對於低層次知識、理解領域的範疇的教學效能很有成效，但此種方法對於學生較高層次的知識，如問題解決能力、創新能力較沒有實質的幫助，因爲學生在「只聽未論述、只接受未思考、只看未操弄」的情境下，是無法習得問題解決與創新能力。如果學習情境是在一種論述、思辨、操弄的情況下，學生習得的知識能力是較高層次的部分，此種教學方法必須建構在以學生爲中心的模式之中，學生爲中心的模式是以學生爲主體，教

師爲客體，教師的角色在於引導、誘發，將課堂中的師生角色互調，可將傳統以教師爲中心的教學模式翻轉。

教學模式的翻轉是另外一種創新教學方法，此種教學方法在爲學生搭起學習的鷹架，讓學生能自主學習，有更高的學習動機、更好的學習表現，習得更高層次的能力。很多老師也知道教學方法要多樣化、豐富化，但教學實務現場顯示，多數中小學教師還是喜愛採用講述法，將教材主要內容傳遞給學生，其原因不外以下幾點：

1. 以教師爲中心的講述法對教師而言，較能有效掌控學習進度與安排學習活動。
2. 要求每位學生改變學習型態，不如教師個人調整教學方法，教師一個人的調整改變較快，也較能自我掌控。
3. 主要學科的學習，如果改變以學生爲中心的教學模式，是否會影響教學進度，將來任教班級學生的學習表現（如：評量成績）如果沒有如預期般的進步，是否會受到家長質疑。
4. 以學生爲中心的學習模式是否適用於班級每位學生，是任教教師心中擔心的議題之一，如果學生能自我導向學習，表示學生有高度學習意願，那採用以教師爲中心的教學模式下，此類學生也應有良好學習表現。
5. 課前額外增加學生的學習或準備活動，學生是否有足夠時間，是否增加學生的學習壓力，學生或家長是否會有不同意見。

然而，正如上述所說，傳統以教師爲中心的講述法並沒有錯，也沒有不好，只要教師善加應用，配合良好的肢體語言與教具，定能將學科單元內容傳遞給學生知道，學生可以在課堂中直接習得事實性知識、概念性知識、程序性知識，認知歷程向度為布魯姆認知分類層次中的記憶、了解、應用知識；但對於分析、評鑑、創作與問題解決能力的認知層次，則較難從被動吸取中獲得。

因此，為了讓學生能習得較高層次的知識技能（如：問題解決與創作能力），教師必須採用更有效的教學策略，此種策略方法便是以學生為中心的教學模式。也就是，知識與資訊來源不全是被動、完全從教師身上吸取，而是經由學生主動探索、思辨、與同儕互動討論、實作等學習方法中習得。Blumberg（2008）認為，若學習的內容是由學生主動探索，並和學生自身的關聯性愈高，學習的效果也會愈好，能更有效地記住事實性知識、概念性知識、程序性知識，應用所學，甚至將其知識應用至課堂外。在以學生為中心的教學模式中，教師的角色從知識提供者轉變為知識啓迪者與導引者，從教學主體變為教學客體，這是一種教學策略的改變、學習模式的改變，甚至是評量方式的改變。這也是目前教育的走向：更重視學生主動參與學習，建構出有意義的知識。

就教育的觀點來看，以學生為中心的理論觸及範圍甚廣。不論是從經驗主義的洛克（J. Locke）到自然主義的盧梭（J. Rousseau），再到實用主義的杜威（J. Dewey）皆提及了以學生為本位的概念，重視學生的天性與本能。另外，強調認知與知識是由學生主動建構出的建構主義，同樣是以學生為中心的重要基礎理論之一，而提倡以人（學生）為本的人本主義學派也是以學生為本的理論下不能不提及的。人本主義學派的代表人物羅傑斯（C. Rogers）認為，學習的重點在學生本身，教師的主要職責是創造出友善的學習環境，並引導學生有意義的學習，而非指導式教學。

羅傑斯針對以學生爲中心的教與學提出了六個基本準則（俞智仁，2010）：

1. 相信自己的力量：學生和教師都要相信學生有自學能力。
2. 共同分擔學習的責任：學生與教師都需爲學習負責。
3. 提供學習資源：教師須盡可能提供學習資源。
4. 制訂學習計畫：學習計畫由學生自訂、與同儕討論，或教師從旁協助訂定。
5. 重視學習過程：注重學習過程，而非學習的成果。
6. 改變評量方式：教師提供學生評估自己學習成效的機會。

Blumberg（2008）認爲，以學生爲中心的教與學應涵蓋以下六個特點：

1. 將學習重點放在學生身上：從以往思考教師該做什麼來幫助學生學習，到思考學生該做些什麼來增進自己的學習成效。
2. 引導學生自覺學習：讓學生了解該爲自己的學習負責。
3. 關注如何學習：不僅著重學生的學習內容，同時也關注學生如何學習。
4. 轉變角色：教師不再是書匠，而是學習的引導者。
5. 善用於不同學科中：以學生爲中心的概念可以廣泛運用在各種類型的課程中。
6. 靈活運用：以學生爲中心的操作方式相當多元化，並沒有固定的流程。

教師在以學生爲中心的課堂中時，其角色是環境的創造者、知識的引導者與學習的促進者。Blumberg（2008）另外描述了教師在以學生爲中心的課堂中的角色：

1. 創造出友善的學習環境：該環境須能適應不同的學生與其不同的學習需求。
2. 培養學生和學習內容之間的互動：設計小組活動，藉由學生和同儕或教師間的互動，拉近學生和學習內容之間的距離。
3. 引導學生理解「學習」：幫助學生了解如何與爲什麼需要學習該知識。
4. 教授學習技巧，讓學生爲自己的學習負責。學習技巧涵蓋：時間管理技巧、自我監控的能力、訂定目標的能力、筆記技巧、自我評量的能力（評估自己的優勢與弱點）、資訊素養技巧等。

此外，吳明隆（2013）提及，教師在操作以學生爲中心的教學時，需注意以下八項核心概念：

1. 教師須以學生的角度來分析學生的行爲、看待問題，並以學生可以接受的方式來引導學習。
2. 課程教材（即學習內容）須與學生的生活相關，以學生的經驗爲中心擴展知識。
3. 善加利用科技媒體來輔助數位時代下的學生之學習。
4. 重視同儕學習；強調從群體中學習和他人合作、相互尊重。

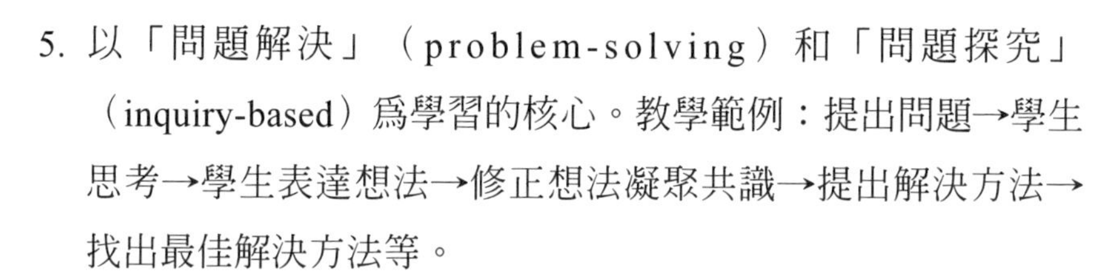

5. 以「問題解決」（problem-solving）和「問題探究」（inquiry-based）爲學習的核心。教學範例：提出問題→學生思考→學生表達想法→修正想法凝聚共識→提出解決方法→找出最佳解決方法等。
6. 著重學習時的情境營造。
7. 重視全人教育，強調身心全面發展。
8. 學習的時間與空間是開放的，以培養學生自主學習。

綜觀上述可知，以學生爲中心的教與學提倡的是教師創造學習環境，引導學生自覺學習的重要並能積極主動參與學習，而教師在這過程中須注意學生之間的差異，因材施教，引導培養學生更高層次的知識技能。也就是說，學生是課程的核心，所有的學習皆圍繞著學生規劃，教師的責任與專業能力則更受到重視與考驗。承上述所言，以學生爲中心的課堂設計並沒有既定的操作流程。不過，羅傑斯在《學習的自由》（*Freedom to Learn*）一書中提及了以學生爲中心的學習設計有以下的步驟：(1) 自訂學習計畫，並簽署學習約定，讓學生爲自己的學習負責；(2) 研究自訂學習計畫中的主題內容與知識；(3) 透過自學或同儕合作的方式完成研究的主題內容與知識；(4) 小組討論或課堂討論所研究的主題內容與知識；(5) 給學生機會自評學習表現（朱敬先，1991）。

如此的學習步驟賦予了學習更深的價值與意義，也提供了學生另一條不一樣的途徑。然而，羅傑斯所提倡的學習步驟是需要教師與學生（甚至家長與學校單位）一定程度地信任與自律的，因此容易使剛開始接觸這種教學模式的學生、家長，甚至教師本身焦慮，而其主因不外乎不習慣學生與教師的角色轉換、教學進度變慢，以及教師備課負擔變重等。爲此，潘世尊（2000；2001）表示，以學生爲中心的教學除了須顧及羅傑斯著重的「情意」層面以外，也須將「認知」層面一併納入課程設計之中，讓學習在收放間有所掌握。就「情意」層面來看，教師得經營出和善且具備安全感的學習環境。例如：在課前，教師須了解學生的背景知識、經驗，藉此來設定往後的教學活動，達到創造出適合學生且沒有壓力的學習環境。接著，在課程一開始時，進一步導引學生自訂學習計畫，甚至簽署學習約定，讓學生能依照自己滿意的進度與計畫學習，並在課堂上用學生可以接受的語言引導學習。最後，在課堂活動與課後，教師應多多鼓勵學生，並需適時注意學生在「情意」層面上的感受，比如是否面臨學習困境等。

從「認知」層面來看，課前教師設計課堂活動與學習內容時，須注意學生新舊知識之間的連結，將與學生生活相關之議題納入，讓學生有意義的學習，並建構出日後可移轉之知識技能。接著，在課堂中也得適時引導學生自行面對問題、解決問題，進一步建構知識。此外，教師須適時協助學生「情意」與「認知」的雙向結合。最後，課後亦須謹慎檢視學生的學習成效，但切勿流於考試形式。除了給予學生自我評價的機會以外，教師也可使用「課堂觀察」、「個別檔案」，以及「表現實做」進一步地診斷學生的學習情況（俞智仁，2010）。所謂「課堂觀察」即爲藉由觀察課堂中學生的學習行爲，找出學生「情意」面向的特性及所需，並加以記錄。「個別檔案」則是著重在藉由學生的作業等資料，評估學生的學習成效。「表現實做」

是讓學生實際進行演示，其主要目的在評估傳統測驗無法測得之部分，如理解力等。上述這三種評量診斷方式也可使教師更加了解自己的學生，拉近師生間距離，進而在往後的教學設計時，更能以「學生的觀點」進行教學引導。下表 2-1 爲「以學生爲中心」的課堂設計總整理。

表 2-1
以學生為中心的課堂設計

| | 課前 | 課間 | 課後 |
|---|---|---|---|
| 情意 | 了解學生背景與學習經驗，創造友善學習環境。 | 教師以學生能理解的方式引導學習。另外，利用「課堂觀察」評量學生所需以了解學習特性。 | 適時給予學生鼓勵，注意學生是否面臨學習困難。 |
| 認知 | 了解學生的知識基礎，以利往後引導知識建構。 | 將與學生生活相關之議題納入學習。引導學生自學、建構知識，並使用「個別檔案」來評估學生的學習狀態。 | 給學生自評機會。此外，教師也可使用「表現實作」的方式以評量學習成效。 |

爲此，較完善的學生中心之課程設計須顧及學生的情意與認知兩個層面，才得以讓學習更有成效。然而，每位學生皆有著不同的學習背景、人格特質與興趣等，教師該如何適性揚才、因材施教規劃出有效益的學生本位課堂即是教師的一大挑戰。Tomlinson（2001）認爲，差異化教學是以學生爲中心所設計課程，此教學方式考慮了不同學生之間的學習需求，讓每位學生都能以自己的方式學習。丘愛鈴（2013）也指出，在差異化教學的課堂中，教學以學生爲中心，學生的興趣、學習的表現與課業的準備都是教學時的基礎參考，而教師須設計出一系列不同的課堂活動、作業、評量，甚至也包括提供不同難

易度的教材，並適時地給予學生選擇課堂活動的權利，進而引導學生得到更高品質的教育。Tomlinson 等人（2003，引自教育部）提出，有效的差異化課堂之教學設計應涵蓋以下六項特點：

1. 教師不單單只是回應學生的難點，而是更積極地了解學生，並針對學生規劃課堂活動。
2. 教師善加利用彈性分組（如：同質性分組、異質性分組、大班教學等），讓每位學生都能參與並更有效地學習。
3. 教師能設計多元化的教材，以滿足學生之間不同程度與特質的學習需求。
4. 教師更具彈性，能依照學生學習的需求調整進度。
5. 教師除了能幫助學生學習該單元的重點概念以外，亦須讓學生掌握學習技巧。
6. 教師能將學生的學習，作爲設計教學活動時的第一考量。

此外，盧貞穎（2014）認爲差異化教學的核心重點，共有六項：

1. 教師妥善運用教學策略與課堂活動的設計，讓學生在同一主題下得以依照自己的程度自由學習；而差異化的部分可以是學習內容的差異、練習過程的差異，甚至是學習成果上的差異。
2. 學生是課堂的主人，主動學習；教師從旁引導。
3. 在差異化的課堂中，並非全部的時間都在差異化教學，而是著重在教學的準備與課堂活動的設計時，依照學生的程度做最適切地安排。
4. 分組的方式也須按學生狀況更彈性地安排。

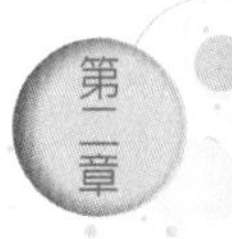




5. 在差異化教學的課堂中，程度較高的學生能自我掌控學習的時間相對較程度較弱的學生多；而教師則是會利用更多的時間來加強程度較弱學生的基本知識。
6. 可以有效解決班上程度落差的問題，讓教學更加細緻。

然而，普遍大眾容易對差異化教學產生部分的迷思。差異化教學是針對學生的需求與特點以更具彈性的方式設計與安排課程，但部分教師常在自己的「差異化教室中」將學生分組，並安排小組中較高程度的學生教程度較弱的學生，或是僅提供不一樣的學習單給不同程度的學生練習等，這些方式並不能稱作差異化的教學；這些方式並不是不好或爲不適合的教學方式，只是這類的課堂安排並未改變學生原有的學習習慣與傳統的教學模式，也未能眞正滿足不同程度學生間的需求。（盧貞穎，2014）表 2-2 與表 2-3 之設計整理自盧貞穎老師（2014）在英語學習領域的差異化教學示例。

表 2-2
英語科詞彙教學的差異化教學設計

| 教學年級 | 五年級 |
|---|---|
| 教材內容 | 詞彙 |
| 差異化面向 | ■ 學習內容　□ 練習過程　□ 學習成果 |
| 差異化根據 | 詞彙的起始點 |
| 差異化活動 | ■ 彈性分組<br>■ 不同難度的分層式活動<br>■ 不同類型的作業 |
| 設計理念 | |
| 就英文科而言，學生之間的詞彙量差距相當明顯，因此為了符合學習需求，教師可在教學內容上做些差異性的安排。 | |

表 2-2
英語科詞彙教學的差異化教學設計（續）

| 教學流程 |
| --- |
| 一、介紹課文中的詞彙<br>1. 教師運用 eBook 展演圖示與發音，且適時解說，協助學生理解詞彙之意義。<br>2. 請學生做聽寫練習。<br>3. 請學生跟讀詞彙。<br>4. 教師藉由聽寫測驗來了解學生對該課詞彙的掌握度，並將學生分成初級與進階級，每個組人數不拘。（備註：也可讓學生自評選擇組別。） |
| 二、依組別進行詞彙學習（分組：進階、初級） |

| | 進階級<br>已能正確聽寫該課詞彙 | 初級<br>仍不熟悉該課詞彙，亦無法聽寫 |
| --- | --- | --- |
| 學習內容 | 1. 學生 3-4 人為一組。<br>2. 每組領取 1 張 A3 的白紙。<br>3. 請各小組合作討論、貢獻所學，甚至是使用教室的電腦查詢，與該課相關主題的 3-5 個詞彙。<br>4. 接著，小組內的同學須合作理解並習得那些詞彙。（備註：教師可適時協助、引導；同時，學生也可隨時請求教師支援） | 1. 為強化學生的認讀與拼寫能力，教師提供不同類型的詞彙練習。其中可以包括：詞彙聽辨、複誦、字卡配對等活動。<br>2. 老師進一步地指導讀寫，涵蓋：音節的辨識、重音的辨識。（在此階段為全班性的教學指導。）<br>3. 請學生接著做「說與寫」的練習。 |
| 作業 | 做「說與寫」的練習，目標精熟該課與新增之詞彙。 | 做「說與寫」的練習，但僅需熟練本課詞彙即可。 |

資料來源：修改自盧貞穎（2014）。國小英語科差異化教學理念與活動設計。國教新知，61(2)，82-83。

在此教學設計中可以發現，如上提及，差異化教學策略並非整堂課都採用，而是在課堂活動時運用。高程度的學生在課堂中因有一定的程度且進度較快，所以可以自學（同儕學習）更高階層的知識，教師從旁引導；反觀，程度較初級的學生則須老師直接協助以鞏固基本知識。讓學生依照自己的步調學習、前進，達到不同學生不同學習需求的平衡點。然而，值得注意的是，雖說高層度的學生有自學之能力，但是教師仍需幫助學生規劃或準備好自學時所需資源。就此案例而言，電腦資源也可納入學習資源之一。

表 2-3
英語科對話教學的差異化教學設計

| 教學年級 | 六年級 |
|---|---|
| 教材內容 | 對話 |
| 差異化面向 | □ 學習內容　■ 練習過程　■ 學習成果 |
| 差異化根據 | ■ 對話的起始點 |
| 差異化活動 | ■ 多樣化的提問策略<br>■ 彈性分組<br>■ 不同難度的分層式活動<br>■ 不同類型的作業 |
| 設計理念 | |
| 學生的起始能力不同，藉由練習的過程和預設的學習成果之不同來設計差異化之教學。 | |
| 教學流程 | |
| 一、複習本課詞彙<br>二、複習本課句型<br>三、介紹該課對話<br>1. 學生 4 人為一小組，但不依能力分組。<br>2. 聽力練習，請學生聽課本對話內容。<br>3. 每位學生分別於組內發表自己所聽到的內容；以小組為單位發表組別所討論的內容。（備註：教師可以鼓勵學生用英語表達，也可以中文輔助說明。）<br>4. 再次播放對話，給學生確認先前聽力內容理解的正確與否。<br>5. 請學生翻開課本，跟讀對話。（備註：教師適合輔助說明。）<br>6. 依能力分組練習對話： | |

表 2-3
英語科對話教學的差異化教學設計（續）

| | 進階級<br>已完全理解課文內對話，且口語表達亦流利 | 中級<br>已能完全掌握課文對話，口語表達大致能掌握 | 初級<br>大致能理解課文對話，但口語能力須加強 |
|---|---|---|---|
| 練習過程 | 活用對話，角色扮演<br>1. 按照課文對話中角色人數，將學生分組。<br>2. 小組討論，增加對話內容，增加對話至少 2 句。<br>3. 彩排劇本，進行角色扮演，需將劇本背下，且須真實「扮演」該角色。（備註：如有需要可請求教師支援。） | 讀者劇場練習<br>1. 按照課文對話中角色人數，將學生分組。<br>2. 每小組間開始練習讀者劇場的活動。（備註：如有需要可請求教師支援。） | 指到哪，讀到哪練習<br>1. 以 2 人為一組，並分配使用電腦一部。<br>2. 播放課文對話，並請學生指讀練習。（備註：如有需要可請求教師支援。） |
| 成果 | 針對修改過後的劇本進行角色扮演。 | 讀者劇場 | 朗讀 |
| 作業 | 每組將角色扮演的成果錄製成影片，上傳繳交。 | 將讀者劇場的成果錄音上傳繳交。 | 朗讀課文對話給 3 位同學聽，並繳交同學的簽名。 |

資料來源：修改自盧貞穎（2014）。國小英語科差異化教學理念與活動設計。國教新知，61(2)，84-85。

有別於第一個示例（表 2-2），在表 2-3 這個差異化的教學設計中，教師著重在學習過程與學習成果上的差異化設計（即是同樣的主題與內容，不一樣的學習過程和成果）。這兩個差異化的課堂教學設計剛好呈現了差異化教學的重點：學習內容、學習過程與學習成果上的差異。另外，從這兩個案例也可以發現，一份好的教學設計不單單只執著在單一的教學方式，一個專業的教師能以學生為本位，運用不同的教學策略引導學生，深化學習，讓學習更加符合學生的需求。

最後，Blumberg（2008）認爲，一個以學生爲中心的課堂應該具備以下的情景：

1. 每位學生在課堂上積極主動參與學習。
2. 學習成效提高，因爲主動參與學習。
3. 學生對於學習的內容感興趣，因爲教材對學生有意義。
4. 學生相當投入課堂活動中。
5. 學生有部分學習的選擇權力。
6. 教師針對學生盡可能的給予回饋供學生進步。

## 參考文獻

丘愛鈴（2013）。成就每一個學生：差異化教學之理念與教學策略。教育研究月刊，231，18-33。

朱敬先（1991）。教育心理學。台北：五南。

吳明隆（2013）。班級經營：理論與實務（三版）。台北市：五南。

俞智仁（2010）。人文主義教育心理學與課程之研究。南華大學社會學研究所。2015 年 6 月 20 日，取自 http://society.nhu.edu.tw/e-j/87/A35.htm。

潘世尊（2000）。Rogers 人本教育理論與建構主義教學模式二之發展：國小數學教學的行動研究。應用心理研究，8，209-239。

潘世尊（2001）。羅吉斯的人本教育觀：理論、實踐與反省。屏東師院學報，15，203-230。

盧貞穎（2014）。國小英語科差異化教學理念與活動設計。國教新知，61(2)，75-94。

Tomlinson 等人（2003）。十二年國民基本教育高中職暨國中差異化教學（教育部，2013）。

Blumbergh, P. (2008). *Teaching and assessing so your students will learn more: an overview of learner-centered teaching for Polk state college faculty*. Retrieved

December 20, 2015, from the university of the scenices Web site: http://goo.gl/zU4J4P

Tomlinson, A. (2001). *How to differentiate instruction in mixed ability classrooms* ($2^{nd}$.). Alexandra: Association for Supervision and Curriculum Development.

# 第三章

# 翻轉教室之起源與發展

翻轉教室的浪潮可以從「翻轉教室」、「翻轉學習」、「翻轉教育」等，和翻轉相關的名詞如雨後春筍般出現中見得。從「教學的方法」到「教育的價值觀」，這些名詞從不同的角度與面向來解釋翻轉，解釋這世代下的教與學。在台灣，廣義來說「翻轉」一詞儼然已成爲改變、改革，甚至是創新的代名詞。然而，Bergmann 和 Sams（2012）認爲，倘若欲全面地了解翻轉教室的概念，便得從歷史面著手。

## 第一節　翻轉教室的歷史與定義

從翻轉教育的演變歷史來看，最初有關翻轉教室，或是翻轉學習概念的雛型，可回溯至 1990 年代。1990 年代之時，哈佛大學物理學系的教授 E. Mazur 教授爲了解決以往課堂中沒有足夠時間給學生問問題的困擾，便利用電腦來輔助學生在課前預習教師所製的教學影片，將省下的課堂時間有效運用於討論等，讓學生之間相互學習，同時也使教師得以退居引導角色。然而，當時 Mazur 教授並沒有使用任何有關「翻轉」的名詞來介紹自己的教學模式，一直到了 2000 年才開始有學者爲此類型的教學模式命名。

W. Baker 於 2000 年初發表了「翻轉教室──運用網路課程管理系統，成爲課堂引導者」（The Classroom Flip: Using Web Course Management Tools to Become the Guide by the Side）；這是最早使用翻轉一詞的研究。雖然該篇研究相對著重於探究學習管理系統（Learning Management Systems, LMS），但於文中 Baker 仍強調

了教師的身分應由授課者轉爲教學的引導者；而這也是翻轉教室的重要概念之一。接著在同一時間，M. Lage、G. Platt 和 M. Treglia（2000）也接續發表了「反轉教室：創造兼容學習環境的方法」（Inverting the Classroom: A Gateway to Creating an Inclusive Learning Environment）；於該文獻中學者們提及如此的反轉教室的教學模式可以適應不同學生的學習需求。此外，也於 2000 年的秋季，威斯康辛大學麥迪遜校區的資訊工程學系也使用了 e-Tech 軟體，翻轉了資訊工程的課程；讓學生在課前學習教師事先準備好的教材（如：影片、PowerPoint），以省下更多課堂時間讓學生發問（Syam, 2014）。然而，翻轉教室此名詞至此沉寂了一時，直到了六年後又再被重新提出。M. Tenneson 和 B. McGlasson 在 2006 年發表了「翻轉教室」（The Classroom Flip）。於該份研究中 Tenneson 及 McGlasson 探究了教師該如何有效地使用翻轉教室的教學策略；而這時候所談的翻轉教室已較趨近於現在大家在談論的翻轉教室了（Cockrum, 2014）。因此，由上述簡史可以得知，在翻轉教育的歷史上，一開始，翻轉教室較強調藉由資訊科技翻轉「課室」和「課外」的學習環境，讓學生有更多深入學習的時間，並同時翻轉師生之間的角色。

然而，倘若論及將翻轉教室策略成功地推廣至教育界的兩位推手，莫過於美國科羅拉多州的高中化學老師 J. Bergmann 和 A. Sams。他們將翻轉教室的策略有效且有系統性地運用於自己的課堂中，循序漸進地解決了學生程度不一和出缺席等問題，並進一步成功地引導學生提升學習動機與成效。此外，也因爲翻轉教室的概念受推

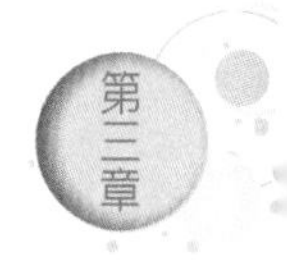




崇，因此，S. Khan 在 2006 年所創立的可汗學院（Khan Academy）再次襲捲教育界，被廣泛地使用於教學之上，並與翻轉教室做連結。此時，在翻轉教室的類型上則出現了些微的改變。在 Bergmann 和 Sams 的課堂中，就採用了不同類型的翻轉教學模式，其中一種就是所謂的「翻轉學習」；著重於翻轉學習內容，給予學生更彈性的學習環境與內容，著重於引導學生有意識地於課堂與課外積極學習更高階層的知識能力。由此可以推論，翻轉學習是翻轉教室的進階版教學策略。然而，雖說翻轉教室和翻轉學習的概念並不相同，但事實上，翻轉教室的教學策略也可同時涵蓋翻轉學習的概念。因此，在本書中，若無特意提及「翻轉學習」，則該「翻轉教室」一詞則涵蓋翻轉學習之概念。

在翻轉學習網（Flipped Learning Network）中提及，翻轉學習包括以下概念：

1. 具彈性的學習環境：教師提供合適的時間與空間讓學生思考，內化成知識。同時，提供學生不同的學習方式、觀察學生的學習成效，並適時調整。
2. 學習文化的轉變：以學生爲中心，差異化教學與回饋。
3. 有意義的學習內容：提供差異化且適性的教學材料與內容。
4. 具專業的教師：針對學生的學習給予回饋，並觀察與記錄學習成效，改進教學。同時，不斷地和其他教師們交流，精進教學。

綜觀上述翻轉教室的歷史軌跡，翻轉教室與翻轉學習主要都是強調教與學的方法轉變，相較以往更以學生爲中心規劃課程。此外，現今的「翻轉」相關文獻中，已大都將「翻轉教室」與「翻轉學習」交替使用，而上述提及的「翻轉教育」則是由翻轉概念下延伸出的價值觀。但在此須強調的是：翻轉教育／教室／學習並不等於影片學習。也就是說，不論是採用翻轉教室或是翻轉學習，影片只是教師可以利用的資源之一，自製講義、書籍等也都可以是翻轉前的引導教材。最後，值得一提的是，近日在台灣新興起的教育名詞「學思達」也可算是翻轉學習的另一種應用。此名詞是由台灣中山女高的國文老師張輝誠老師所提出。「學思達」即是自學、思考與表達；其主要操作概念和翻轉學習相似：強調有意義且更具彈性的學習。有關此部分的詳細內容參閱後面的章節。然而，不論是翻轉教室亦或是翻轉學習一詞，指的都是一種教學策略，且此策略會隨學生的需求與教師的教學風格而改變，沒有一個既定的操作模式。

## 第二節　翻轉教室之類型介紹

承上述提及，翻轉教室教學策略並沒有一套標準的公式可供教師們套用，教師在操作時須顧及學生的需求、背景與學習環境等條件來調整教學策略。然而，Bergmann 與 Sams（2012）建議，因翻轉教室沒有既定的標準模板可依循，教師們在操作翻轉教室教學策略時，可參考翻轉教室的類型並加以應用，使翻轉課堂更順利進行。

目前大眾所提及的翻轉教室教學策略及理念，因 Bergmann 與 Sams 的推廣而捲起風潮。現今討論最多的翻轉教室操作模式與類型也大都以 Bergmann 和 Sams 的版本爲主，而 Cockrum 是少數重新歸類翻轉教室之類型的學者之一。因此，本小節著重於介紹 Bergmann 和 Sams，以及 Cockrum 的翻轉教室之類型。此外，由於學思達亦歸類於翻轉教室的翻轉學習之概念中，爲此於本小節中一併納入介紹。

## 壹、Bergmann 和 Sams 的翻轉教室類型

Bergmann 和 Sams（2012）在《翻轉你的課堂：每天每堂課都跟每位學生交流》（*Flip your Classroom: Reach Every Student in Every Class Every Day*）一書中將翻轉教室的類型歸納成兩類：「傳統型」（Traditional Model）的翻轉教室與「精熟型」（Flipped-Mastery Model）的翻轉教室。所謂「傳統型的翻轉教室」也就是翻轉史上最先採用的概念模式：教師利用教材（如：影片、講義等）翻轉課堂與課外時間；而「精熟型的翻轉教室」策略，涵蓋了「翻轉學習」的概念，更強調翻轉學生學習的內容，讓每位學生積極主動地按照自己的進度，更深入地學習高層次的知識。表 3-1 爲 Bergmann 與 Sams（2012）所分享的翻轉教室課程引導表。於傳統型的翻轉教室中，學生按照引導表學習，每一位學生的進度皆相同；然而，於精熟型的翻轉教室中，學生可以依照自己的進度學習，學習速度較快的學生可以直接進入下一單元，無須等待同儕的進度。這也是爲什麼這一份學習進度表是以單元劃分，而非以週數設計。

此外，透過表 3-1 亦可以發現，於翻轉教室中，學習資源可以是影片、課本、學習單等，並非侷限於影片的使用，凡是經教師審慎評估過後的學習媒材，皆可以做爲翻轉教室的教學資源使用。不過，值得一提的是，雖說使用翻轉教室教學策略時，不一定得使用影片作

表 **3-1**
翻轉教室課程引導表

| 單元　原子理論—進度表 |
| --- |
| 原子 -1<br>學習目標：能夠談論原子理論的歷史<br>學習資源：影片 1；課本 5.1；學習單—原子理論 1<br>課堂活動：陰極射線管的示範（老師示範） |
| 原子 -2<br>學習目標：能夠判斷質子、中子和電子的數量，以及判別原子的名稱<br>學習資源：影片 2；課本 5.2、5.3；學習單—原子理論 2 |
| 原子 -3<br>學習目標：了解原子量、同位素，以及平均原子量<br>學習資源：影片 3；課本 5.3；學習單—原子理論 3<br>課堂活動：Vegiun 實驗室 |
| 原子 -4<br>學習目標：了解元素週期表的基本架構<br>學習資源：影片 4；課本 5.4；學習單—原子理論 4<br>課堂活動：畫自己的元素週期表 |
| 原子 -5<br>學習目標：能夠解釋原子模型<br>學習資源：影片 5；學習單—原子理論 5<br>課堂活動：實驗室 |
| 原子 -6<br>學習目標：用現代量子力學模型解釋原子及其電子行為<br>學習資源：影片 6；課本 13.2；學習單—原子理論 6<br>課堂活動：原子理論 6 的學習單 |
| 原子 -7<br>學習目標：能夠寫所有元素的電子組成及其軌域<br>學習資源：影片 7；課本 13.2；學習單—原子理論 7 |
| 原子 -8<br>學習目標：解釋光的波動性<br>學習資源：影片 8；課本 13.3；學習單—原子理論 8 |

表 3-1
翻轉教室課程引導表（續）

| 單元　原子理論—進度表 |
| --- |
| 原子 -9 |
| 學習目標：解釋電子軌域轉換時所產生的光 |
| 學習資源：影片 9；課本 13.1；學習單—原子理論 9 |
| 課堂活動：焰色試驗 |
| 原子 -10 |
| 學習目標：計算波長、頻率、能量，以及光的「顏色」 |
| 學習資源：影片 10；課本 13.3；學習單—原子理論 10 |
| 原子 -11 |
| 學習目標：能夠比較原子和離子的大小 |
| 學習資源：影片 11；課本 14.2；學習單—原子理論 11 |
| 原子 -12 |
| 學習目標：比較不同原子的電離能（離子化能量） |
| 學習資源：影片 12；課本 14.2；學習單—原子理論 12 |
| 原子 -13 |
| 學習目標：比較不同原子的電負度 |
| 學習資源：影片 13；課本 14.2；學習單—原子理論 13 |
| 課堂活動：畫週期表 |

資料來源：翻譯自 *Flip your classroom: reach every student in every class every day.*（p.57）
by J. Bergmann, & A. Sams, 2012. Washington DC: ISTE and ASCD Press.

爲課外學習的媒材，但影片是有助於提升學生學習動機的方法之一（Bergmann & Sams, 2012）。爲此，如何妥善設計翻轉教室的教學影片就變得相當重要了。實際翻轉教室的影片操作在後面章節有更詳細論述。

## 貳、Cockrum 的翻轉教室類型

Cockrum（2014）在 Bergmann 和 Sams 之後，於自己的著作——《翻轉你的英語課堂：和每位學生交流》（*Flipping your English Class: to Reach All Learners*）一書中，將翻轉教室的操作類型重新歸納並分成三個階段。

### 一、第一階段翻轉（First Iteration Flips）

第一階段翻轉涵蓋：

1. 傳統型翻轉（Traditional Flip）：此傳統型翻轉即爲 Bergmann 和 Sams 所談論的傳統型翻轉。Cockrum（2014）認爲，傳統型的翻轉教室著重於影片的使用，所有的課堂問題、活動、練習等都是圍繞著影片而進行。表 3-2 爲傳統型翻轉教室的教學設計。在 Cockrum 的傳統型翻轉教室的教學設計中，和 Bergmann 與 Sams 一般，以單元／主題爲設計主軸。
2. 寫作工作坊翻轉（Writing Workshop Flip）：寫作工作坊形式的翻轉即是在寫作任務以前，運用數個迷你影片作爲引導，最後以共同分享作品作爲總結。此方法常見於英語課堂中。

### 二、第二階段翻轉

在第二階段的翻轉中，Cockrum（2014）歸納出了三種翻轉的操作類型：

1. 探索—翻轉—應用（Explore-Flip-Apply）：這一類型的翻轉策略著重於誘發學生的好奇心。將活動或任務放在指定學習

表 3-2
Cockrum 的傳統翻轉教室教學設計

| 教學年級 | 六至十二年級 |
| --- | --- |
| 學習計畫 | 每節課 40 分鐘（可依需求調整） |
| 學習主題 | 研究資料的可信度：研究寫作技巧 |
| 重點問題 | 是什麼樣的條件決定了研究中資料的可信度？ |
| 翻轉 | 影片主題：如何判斷資料的信度與效度？<br>影片作為回家作業觀看，或是在課堂上觀看。 |
| 主要目標 | 共同核心州立規準 |

| 本單元學習目標 | | |
| --- | --- | --- |
| 學生能理解：<br>■ 有效地利用網路搜尋資料。 | 學生能知道：<br>■ 歸屬網路資源的重要性，以及練習引用資料的格式。 | 學生能：<br>■ 取得具信、效度的資料。<br>■ 思辨網路本質，並將其與較傳統的資訊資源做比較。 |
| **評量表現** | | |
| 成果任務：<br>■ 學生檢視熟悉題目下的資源的可信度。<br>■ 學生視情況運用可靠資源來編輯維基百科的資料。<br>■ 學生在課堂上、日誌或 Google 表單裡表達自己的想法。 | 自我評估：<br>■ 學生自己的日誌與課堂討論的表現。 | 其他：<br>■ 改寫作業；確定學生已了解內容。 |
| **資源** | | |
| 設備：<br>■ 教室或電腦教室。 | 器材（無法使用科技時）：<br>■ 若設備無法使用，將網站內容列印出來。 | 器材（可使用科技時）：<br>■ 能看影片的器材。<br>■ 能上網的器材。 |
| **課堂** | | |
| 第一天：學生看完指定的影片後：<br>■ 學生在維基百科（wikipedia.com）中找一個自己喜歡且熟悉的主題。舉例來說，可以是喜歡的運動員、樂團、運動、名人或愛好等。 | | |

表 3-2
Cockrum 的傳統翻轉教室教學設計（續）

| 課堂 |
| --- |
| 備註：如果班上的電腦設備不夠，全班可以一同編輯維基百科的同一主題頁面。老師可利用投影機或事先列印好的頁面來呈現維基百科上的內容頁。<br>■ 學生用自己的標準搜尋具有信、效度的資料。<br>■ 學生寫反思或填寫 Google 表單。<br>■ 學生利用引導註記或檢查表再次思考信、效度。<br>■ 老師能適時地解惑。<br><br>第二天：<br>■ 學生利用維基百科的編輯功能修正自選頁面上錯誤的資訊。如果學生不能找到錯誤的資訊，則需在該頁面上增補補充資料。老師能適時地解惑。<br>備註：學生也可以用手寫的方式完成此活動，因為順利進行活動才是重點。<br><br>第三天：<br>■ 學生透過在課堂看影片或作為回家作業，接著準備進入下一個單元：就自己的研究主題找尋與評估資料。 |

資料來源：翻譯自 *Flipping your English class: to reach all learners*. (p.28-31) by T. Cockrum, 2014. New York: Routledge.

的教材之前，作爲誘餌引起學習動機，在學生完成第一階段的任務後，教師介入提供學習材料，以幫助學生釐清重點。最後，學生得完成一個指定活動或任務，證明已達到該單元的學習目標。表 3-3 爲 Cockrum 的探索—翻轉—應用型的翻轉教室教學設計。

2. 精熟型翻轉（Flip-Mastery）：此翻轉策略即是 Bergmann 與 Sams 所提及的精熟型的翻轉教室，其操作概念是一樣的；設學習期限，讓學生依照自己的進度學習，達到知識的精熟時便可以進入下一單元學習。教師的教學設計以單元作規劃，

表 3-3
Cockrum 的探索—翻轉—應用型的翻轉教室教學設計

<table>
<tr><td>教學年級</td><td colspan="2">六至十二年級</td></tr>
<tr><td>學習計畫</td><td colspan="2">每節課 40 分鐘（可依需求調整）</td></tr>
<tr><td>學習主題</td><td colspan="2">研究資料的可信度：研究寫作技巧</td></tr>
<tr><td>重點問題</td><td colspan="2">是什麼樣的條件決定了研究中資料的可信度？</td></tr>
<tr><td>翻轉</td><td colspan="2">影片主題：如何判斷資料的信度與效度？<br>影片作為回家作業觀看，或是在課堂上觀看。</td></tr>
<tr><td>主要目標</td><td colspan="2">共同核心州立規準</td></tr>
<tr><td colspan="3">本單元學習目標</td></tr>
<tr><td>學生能理解：<br>■ 有效地利用網路搜尋資料。</td><td>學生能知道：<br>■ 歸屬網路資源的重要性，以及練習引用資料的格式。</td><td>學生能：<br>■ 取得具信、效度的資料。<br>■ 思辨網路的本質，以及將其與較傳統的資訊資源做比較。</td></tr>
<tr><td colspan="3">評量表現</td></tr>
<tr><td>成果任務：<br>■ 學生檢視熟悉題目下的資源的可信度。<br>■ 學生視情況運用可靠資源來編輯維基百科的資料。<br>■ 學生在課堂上、日誌或 Google 表單裡表達自己的想法。</td><td>自我評估：<br>■ 學生自己的日誌與課堂討論的表現。</td><td>其他：<br>■ 改寫作業；確定學生已了解內容。</td></tr>
<tr><td colspan="3">資源</td></tr>
<tr><td>設備：<br>■ 教室或電腦教室。</td><td>器材（無法使用科技時）：<br>■ 若設備無法使用，將網站內容列印出來。</td><td>器材（可使用科技時）：<br>■ 能看影片的器材。<br>■ 能上網的器材。</td></tr>
<tr><td colspan="3">課堂</td></tr>
<tr><td colspan="3">第一天：探索<br>引導問題：我們要如何判斷資料的可信度？<br>■ 學生到 allaboutexplorers.com 或其他看起來「可以相信」、專業，但同時也涵蓋錯誤資訊的網站。學生可以各自用電腦搜尋，或是老師將網頁投射到投影機上，甚至是印出網頁內容等。</td></tr>
</table>

表 3-3
Cockrum 的探索—翻轉—應用型的翻轉教室教學設計（續）

| 課堂 |
| --- |
| ■ 請學生表達自己對於網站的印象。操作模式可以小組討論，也可自由寫作練習。<br>■ 學生接著選擇一位探險家，並閱讀其內容。<br>備註：老師或學生也可以大聲朗讀事先已選好的探險家的內容。<br>■ 學生接著討論或寫下自己對於該訊息內容的想法。<br>■ 部分學生可能會完全相信網站上的內容。因此教師適時介入提出和該訊息內容相關的問題，並引導學生思考「引導問題」。<br>翻轉：一個討論引導問題的簡單影片。學生根據問題列答案清單。繳交方式可以是利用 Google 表單或是手寫，依課程方便為主。<br><br>第二天：探索<br>■ 學生在維基百科（wikipedia.com）中找一個自己喜歡且熟悉的主題。舉例來說，可以是喜歡的運動員、樂團、運動、名人或愛好等。<br>備註：如果班上的電腦設備不夠，全班可以一同編輯維基百科的同一主題頁面。老師可利用投影機或事先列印好的頁面來呈現維基百科上的內容頁。<br>■ 將學生分成小組，讓學生討論自己選擇的網頁資訊內容。<br>■ 在更大的組別中，分享小組討論到的內容。<br>■ 在小組中，學生要知道什麼是需要知道的，以及什麼是他們已經學會能判斷維基百科網頁內容的可信度。<br>翻轉：回顧、修改或增加課堂討論問題的影片。這個影片的重點在於幫助學生釐清觀念和引導學生了解重點。<br><br>第三天：應用<br>■ 學生利用維基百科的編輯功能修正自選頁面上錯誤的資訊。如果學生不能找到錯誤的資訊，則需在該頁面上增補補充資料。老師能適時地解惑。<br>備註：學生也可以用手寫的方式完成此活動，因為順利進行活動才是重點。<br>■ 學生記錄下學習過程中的反思。<br>■ 老師接著安排另一個單元的探索活動。 |

註：此教學設計與表 3-2 的設計相異之處在於「探索—翻轉—應用」這一類型的翻轉策略更加強調探索的活動，在課程一開始給學生探索類型的活動，提供學生連結先前的舊知識與獲得獨立創造新知識的機會。翻譯自 *Flipping your English class: to reach all learners.*（pp.32-36）by T. Cockrum, 2014. New York: Routledge.

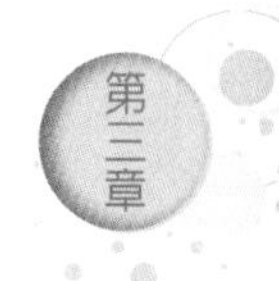




其教學設計可參考傳統型的教案。

3. 同儕型翻轉（Peer-Instruction Flip）：概念來自於哈佛大學物理學系 Mazur 教授的同儕教學的概念，強調同儕之間的互助學習。也就是說，於實施「同儕型翻轉」策略時，學生須在課前完成影片教材的學習；課堂上，學生得一同討論教師所拋出的問題，該問題具有一定深度，且沒有標準的答案，只能透過學生間不斷地交流，歸納出適切的答案。而教師在課堂上並不主動干涉討論，僅適時地引導學習。此外，Cockrum 也在書中提及，同儕型的翻轉模式他個人常用於文法教學。比如：讓學生討論該用什麼樣的語法才能寫出有趣的對話。

### 三、第三階段翻轉

目前第一階段與第二階段的翻轉皆著重於問題導向與任務型翻轉。Cockrum（2014）認為，翻轉教室的教學策略仍會持續地改變、精進，並進入第三階段的翻轉。不過，Cockrum 尚未明確地定義第三階段的翻轉形式。也就是說，先不論接下來翻轉教室的趨勢與走向會如何發展，翻轉教室教學策略是不斷在改變的，且不會一直停留在目前這些類型（階段）的。為此，Cockrum（2014）仍建議，新手翻轉教師可以先著重於前兩種翻轉教室的操作，而已上手的翻轉教師則可以嘗試不斷地挑戰自己，進而創造出更加以學生為中心的第三階段翻轉教室之類型。

最後，仍須再三叮嚀的是，雖然 Bergmann 與 Sams 及 Cockrum 都提到了一些翻轉教室類型的操作建議，但他們皆強調，翻轉教室並沒有一個固定的教學步驟，也不是每堂課都非翻轉不可，而是要看哪一類型的教學模式較符合教育目標和教師的個人風格才是。另外，他們也建議，若是教師在評估後認爲翻轉教室的策略適合自己的課堂，可以從傳統型（即第一階段）的翻轉教室開始，之後再進入較複雜的進階型模式（即第二階段的翻轉模式），進而發展出屬於自己風格的翻轉教室，甚至是嶄新的翻轉教室類型。

## 參、學思達之類型

在台灣，學思達是翻轉學習的應用之一（但也有部分文章將其歸納在翻轉教室之下）。如上述提及，學思達是由中山女高的國文老師張輝誠老師所提出，且已實行有十餘年之久。學思達和翻轉教室不同的是，學思達並不強調課堂外的教材學習（如：課前看教學影片），一切的自學活動皆從課堂鐘聲響的那一刻開始，強調教師藉由自編講義，提供學生所有學習時需具備的基本知識，並將該知識與學生的生命做連結，進而引導學生進行更高層次的思考、討論，以培養學生自我學習與表達自我的能力。這也是爲什麼學思達更趨近於翻轉學習的概念。然而，學思達和任何的翻轉策略一般，並沒有既定的教學流程，每位老師可以依循學生的需求與教學風格自行調整。本書將學思達大略地分成兩類型：基礎型與衍生型。基礎型的學思達即爲張輝誠老師的教學模式，而衍生型的學思達則以林健豐老師的「區分性ABC 教學法」爲代表。

首先，學思達的核心教學策略是從學生自學開始，引導思考問題、群體思考後上台表達，最後由老師總結補充，補充後又是另一個循環的開始（張輝誠，2015）。因此，張輝誠老師的基礎型學思達基

本操作類型如下：

1. 學生自學：閱讀講義。
2. 思考：個人思考講義問題。
3. 討論：群體思考。
4. 發表：上台表達。
5. 總結：老師補充。

在張輝誠老師基礎型的學思達課堂中，主要的教學對象爲台北中山女高的學生，學生間的程度相較於國中小的混能班級更具一致性，且其學校中學生的學習意願與其積極性皆相當不錯。張輝誠老師利用同儕之間良性競爭的特質，讓學習更具趣味性。然而，林健豐老師的學思達——「區分性 ABC 教學法」則是由張輝誠老師的基礎型學思達衍生而來的，主要的操作步驟雖大同小異，但在林健豐老師的學思達教室中，因學生是常態分班，學習能力的落差相對大些。爲此，若是直接套用張輝誠老師的學思達於班上中，或許可行性有待商榷，因此林健豐老師在運用學思達前，調整了些許教學策略以符合自己的學生。林健豐老師的學思達最大的差異在於學生學習內容成效上的差異，並藉由學生座位上的安排與發表時的順序進行部分的差異化教學。在林健豐老師的學思達教室中，成績較優秀的同學被歸類在 A 組、中間程度的學生是 B 組，而程度較落後的則是 C 組（林健豐，2015）。因此，林健豐老師的衍生型學思達之主要操作模式如下：

1. 課程開始：教師引導（如：單字）。
2. 學生自學：ABC 組學習內容有些許差異。
3. 討論：群體思考。

4. 發表：ABC 組針對老師指定的問題回答。

5. 總結：老師補充。

然而，在此用基礎型與衍生型來分類學思達的主要原因是：這兩種學思達的操作類型並非和翻轉教室一樣爲遞進關係。也就是說，林健豐老師的衍生型學思達並非張輝誠老師基礎型學思達的進階版，而是些微調整了張輝誠老師的基礎型學思達而成的，其最終目的是爲了讓學思達更符合自己班級的學生，解決學生間程度落差過大的問題。詳細的學思達操作參閱後面的章節。最後，仍須再次提醒欲採用此翻轉教學策略的教師們，可參考本章節中提及的翻轉類型，並從傳統型與基礎型開始操作。不過，該如何讓自己的翻轉課堂更貼近自己班級學生的需求，這就全靠教師們的專業與創意了。

## 參考文獻


林健豐（2015）。有效翻轉英語教學——區分性 ABC 教學法。2015 年 09 月 02 日，取自 http://blog.udn.com/bigbow1119/21094579。

張輝誠（2015）。學・思・達：張輝誠的翻轉實踐。台北市：天下雜誌。

Bergmann, J., & Sams, A. (2012). *Flip your classroom: reach every student in every class every day*. Washington DC: ISTE and ASCD.

Cockrum, T. (2014). *Flipping your english class: to reach all learners*. New York: Routledge.

Lage, M., Platt, G., & Treglia, M. (2000). Inverting the classroom: A gateway to creating an inclusive learning environment. *The Journal of Economic Education*, *31*(1), 30-43.

Syam, M. (2014). Possibility of applying classroom method in mathematics classes in foundation program at Qatar. In *SOCIOINT14- International Conference on Social Sciences and Humanities*(pp. 180-187).

# 第四章

# 翻轉教室之相關理論

翻轉教室廣受回響的原因之一，可以從布魯姆（B. Bloom）的教育目標的觀點來解讀。相較於教學目標，教育目標主要探究的是爲期數週，甚至數月的課程設計（陳學志，2009）。陳豐祥（2009）表示，在 1956 年版本的布魯姆教育目標（以下稱舊版布魯姆教育目標）中，將教學目標歸納成兩大類：「知識」（Knowledge）和「知識的能力與技巧」（Intellectual Abilities and Skills）。「知識」即爲課堂學習後，能正確熟記於腦海中的資訊；而「知識的能力與技巧」則是將上述熟記的資訊知識，轉化成能夠加以應用的知識能力與技巧，而這種知識能力與技巧涵蓋五個類別：理解（Comprehension）、應用（Application）、分析（Analysis）、綜合（Synthesis）及評鑑（Evaluation）。也就是說，舊版的理論由淺至深，依序分成六種層次：知識、理解、應用、分析、綜合及評鑑。此外，若再將布魯姆所提出的六個層次歸納爲三個不同等級之能力：基礎能力即爲記憶與了解；進階能力爲應用與分析；高階能力則爲評鑑與創作。

然而，也正因現今的教學更強調「主動建構學習歷程」，所以新修訂的教育目標則更貼近了翻轉教室的教學理念。於新修訂的教育目標理論之中，Anderson 等人（2001）結合了認知心理學、教學等學科研究，更全面性地將教育目標分成「知識向度」（Knowledge Dimension）與「認知歷程向度」（Cognitive Process Dimension）。「知識向度」主要著重在區分教師的教學內容；「認知歷程向度」的重點則是放在教師該如何引導學生保留（Retention）與轉移（Transfer）所學的知識（陳豐祥，2009）。然而，翻轉教室欲強調的正是培養以往課堂上沒有足夠時間培養的更高層次的知識轉移之能力。於新版的教育目標之中，「知識向度」又可再細分成：事實知識

（Factual Knowledge）、概念知識（Conceptual Knowledge）、程序知識（Procedural Knowledge）與後設認知（Metacognitive）；「認知歷程向度」則包括了記憶（Remember）、了解（Understand）、應用（Apply）、分析（Analyze）、評鑑（Evaluate）與創作（Create）（Anderson et al., 2001）。

圖 4-1 爲布魯姆教育目標分類之新舊版本對照圖。然而，相較於舊版的理論來說，新修訂版的理論更強調教育目標的「漸增複雜性階層（Increasing Complexity Hierarchy），且更著重於學生主動建構學習歷程（吳青蓉、傅瓊儀、林世華，2005；莊凱喬，2010；鄭蕙如、林世華，2004）。也就是說，新修訂版相較更以學生爲中心來訂定教學目標，爲此，本書採用新修訂的布魯姆教育目標理論。

於新修訂的布魯姆教育目標中，知識向度裡的「事實知識」指的是學生於該學科上必須了解的基本要素。吳青蓉等（2005）、陳學志（2009）、陳豐祥（2009）認爲，以語言學科爲例，「事實知識」包括術語的知識（如：語音、字母、單字／生詞與句子等的基本知識）和特定細節的知識（如：字母拼讀的方法、音標等）；「概念知識」即爲在個別事物中擷取共同點或內在關係所獲得的觀念，包括分類和類別的知識（如：文體、詞性）、原理和通則的知識（如：句型、特殊文化的主要通則），以及原理、模式、結構的知識（如：時態、動詞變化）。然而，事實知識與概念知識著眼於知識的內涵，「程序知識」則強調知識的構建，包括特定學科的技能和演算知識（如：能理解字母拼讀的規則讀出單字）、特定學科的技術和方法知識（如：能利用字典查生詞的讀音及其意義）、運用規準的知識（如：能利

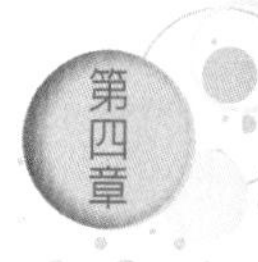


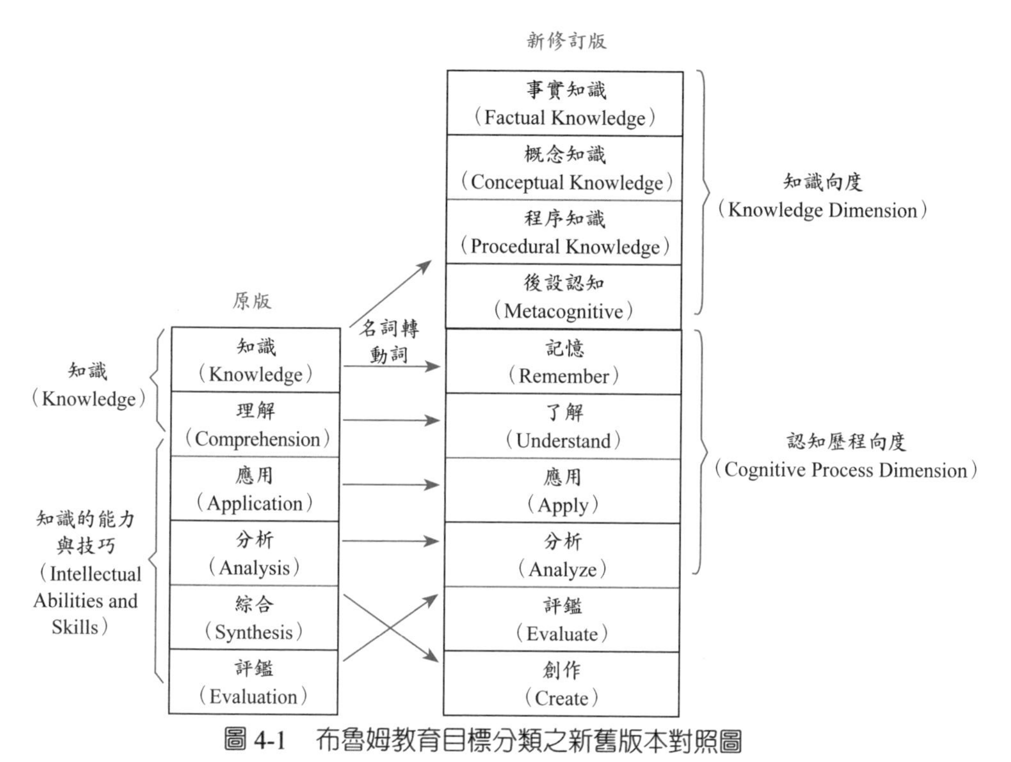


圖 4-1　布魯姆教育目標分類之新舊版本對照圖

資料來源：修改自 *A taxonomy for learning, teaching, and assessing: a revision of Bloom's taxonomy of educational objectives*. (p.268) by L. Anderson, D. Krathwohl, P. Airasian, K. Cruikshank, R. Mayer, P. Pintrich, ... & M. Wittrock, 2001. New York: Longman.

用字母拼讀的規則了解拼字和發音規則的對應關係，並能試著看字發音）；「後設認知」即爲監督、控制、調整自己已有知識的歷程，包括策略知識（如：複誦等使用學習技巧的知識）、認知任務知識（如：知道使用看圖、朗讀的技巧比硬背文字更容易記憶）、自我知識（如：知道自己能力上的優缺點，以及偏好學習的策略）。就上述文獻整理成表 4-1 爲新修訂的布魯姆教育目標的「知識向度」結構與示例。

表 4-1
新修訂的布魯姆教育目標的「知識向度」結構與示例

| 主題別 | 次類別 | 舉　例 |
|---|---|---|
| 事實知識 | 術語的知識 | 語音、字母、單字與句子等的基本知識。 |
| | 特定細節的知識 | 1. 字母拼讀的方法，以及音標。<br>2. 知道特定文化社會或事件的主要事實等。 |
| 概念知識 | 分類和類別的知識 | 文體、詞性。 |
| | 原理和通則的知識 | 句型、特殊文化的主要通則。 |
| | 原理、模式、結構的知識 | 1. 時態、動詞變化<br>2. 知道政府結構與功能、遺傳基因模式等。 |
| 程序知識 | 特定學科的技能和演算知識 | 能應用字母拼讀的規則讀出單字。 |
| | 特定學科的技術和方法知識 | 了解文學評論不同的技巧與方法等。 |
| | 運用規準的知識 | 1. 能利用字典查生詞的讀音及其意義。<br>2. 決定各種論文撰寫方式的規準等。 |
| 後設認知 | 策略知識 | 複誦等使用學習技巧的知識 |
| | 認知任務知識 | 了解何時（when）、如（how）與為何（why）運用不同策略於社會、傳統與文化規範之中。 |
| | 自我知識 | 知道自己能力上的優缺點，以及偏好學習的策略 |

由表 4-1 新修訂的布魯姆教育目標的「知識向度」結構與示例的整理亦可以看出，教學除了須顧及知識本體的教導以外，教師亦須於教學之中引導學生了解該學科上知識的建構，以利培養學生往後的自學能力。例如：有能力運用字母拼讀的規則讀出單字，以及有能力利用字母拼讀的規則了解拼字和發音規則的對應關係，並能試著看字發音等。如此培養學生能帶著走的自學能力，也是近年來教育界不斷地強調且重視的。

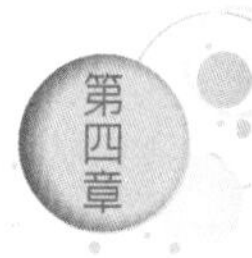




此外，新版布魯姆教育目標的另一分類「認知歷程向度」，討論的則是教師引導學生的知識保留與轉移。記憶類主要是涉及基礎知識的保留，而剩餘的了解、應用、分析、評鑑與創作皆著重於轉移所學知識，冀以能完成任務、舉證說明等（陳豐祥，2009）。下表 4-2 爲新修訂布魯姆教育目標的「認知歷程向度」結構與示例，整理自吳青蓉等人（2005）、陳學志（2009），以及陳豐祥（2009）。在認知歷程向度中不難發現，前一類皆是下一類的基礎，其複雜性是漸增的；六個歷程向度主要說明了學生應學習的知識層次（陳學志，2009）。

表 4-2
新修訂布魯姆教育目標的「認知歷程向度」結構與示例

| 主題別 | 次類別 | 舉　例 |
|---|---|---|
| 記憶 | 確認 | 英文字母大小寫連連看 |
| | 回憶 | 請依序寫出 26 個字母大小寫 |
| 了解 | 說明 | 轉述、讀圖、依文畫簡圖 |
| | 舉例 | ____________ is something sweet, such as a cake or a pudding（布丁）, that you eat at the end of a meal. |
| | 分類 | The music store is between Mcdonald's and the restaurant./ The Hoover Theater is next to the shoe store./ There is a bus stop in front of the department store./ There is a park on the corner of Park Road and Third Street.<br>地圖上（A, B, C, D, E）所指的地方是哪裡？ |
| | 總結 | 根據文章寫大綱與重點。 |
| | 推論 | 聽完一段文章後，請回答：What's "Brother Billy ?" |
| 了解 | 比較 | 比較英文文法中過去式和現在式的異同。 |
| | 解釋 | 解釋萬聖節和南瓜燈籠的關係 |

表 4-2
新修訂布魯姆教育目標的「認知歷程向度」結構與示例（續）

| 主題別 | 次類別 | 舉　例 |
| --- | --- | --- |
| 應用 | 執行 | 請念以下句子：We don't have much rain in New York, but it usually snows a lot in winter. |
| | 履行 | 看圖說話 |
| 分析 | 辨別 | 分辨動詞與不定詞之間的差別 |
| | 組織 | 句子重組：job/ I/ think/ don't/ will/ he/ like/ that/ kind of |
| | 評論 | What food is good for health? |
| 評鑑 | 歸因 | 從不同層面來解析作者論述的觀點。 |
| | 檢查 | 閱讀完指定作品後，檢查文章的合理性。 |
| 創作 | 醞釀 | 對觀察到的現象提出假設 |
| | 規劃 | Here comes summer vacation. How will you plan it? Write down your weekly plans and share with your classmates. |
| | 製作 | Design your ideal cell phone. What's it like? Use your imagination. Draw it below and tell everybody its functions. |

透過表 4-2 可以釐清知識的建構過程，輔以教學使用。此外，Tyran（2010）也認為，新修訂的布魯姆教育目標能有效地協助教師系統性的注意到各種不同的知識技能，同時也能作爲教師教學上的課程設計之參考與教學活動之引導，促使學生有意義的學習。爲此，廣義來說，欲採用翻轉教室教學策略的教師，可妥善利用認知歷程向度中的中高層次技能（應用、分析、評鑑與創造），在有限的課堂時間中引導學生將記憶性知識，轉化成有意義且高層次的知識，而基礎的記憶性知識則留於課堂外學習（備註：學思達則是將基礎性的知識安排在課堂中的講義自學）。

此外，目前也有不少的文獻介紹了翻轉教室同樣涵蓋了混成學習（Blended learning）的概念。史美瑤（2014）表示，至今不論是國內外在於混成學習的概念上仍未有一致性的定義。不過，廣義說來，混合了兩種以上的教學方法、媒體或形式來授課即爲混成學習。舉例來說，在翻轉教室教學策略中，教師安排學生於課堂外自學（例如：觀看數位媒材：影片），而到了課堂上進行討論與應用等操作。這便是混成學習的概念之一；綜合了線上學習與面授學習的教學方式。另外，遊戲學習（Game-based learning）也是部分翻轉教室相關文獻中會提及的理論，即運用遊戲引導學生學習。例如：葉丙成老師的PaGamO系統；該系統於課堂內外成功地運用遊戲，將艱澀的題目包裝，提升學習動機與意願，讓學生反客爲主，主動學習。當然，因翻轉教室教學策略與風格會因學生而有所改變，所以也有部分文獻提到其他的理論。然而，不論是混成學習或是遊戲學習等，其最終之目的皆是欲引導學生更深入的學習與探究知識，藉由翻轉教室的教學策略引導學生在課堂上練習以往沒時間學習的中高階層次的知識技能。

## 參考文獻

史美瑤（2014）。混成學習（Blended / Hybrid Learning）的挑戰與設計。評鑑雙月刊，50，34-36。

吳青蓉、傅瓊儀、林世華（2005）。語文學習領域英語科分段能力指標解讀與實務應用之探討。新竹教育大學學報，21，111-140。

莊凱喬（2010）。以俗名分類法整合布魯姆認知分類修訂版於教學設計——以計算機概論電腦網路課程爲例。台中技術大學多媒體設計系碩士班學位論文。125，1-125。

陳學志（2009）。Bloom 認知領域教育目標分類。2015 年 6 月 10 日，取自 http://goo.gl/SMhvYS。

陳豐祥（2009）。新修訂布魯姆認知領域目標的理論內涵及其在歷史教學上的應用。歷史教育，15，1-54。

鄭蕙如、林世華（2004）。Bloom 認知領域教育目標分類修訂版理論與實務之探討——以九年一貫課程數學領域分段能力指標爲例。台東大學教育學報，15(2)，247-274。

Anderson, L., Krathwohl, D., Airasian, P., Cruikshank, K., Mayer, R., Pintrich, P., ... Wittrock, M. (2001). *A taxonomy for learning, teaching, and assessing: a revision of Bloom's taxonomy of educational objectives*. New York: Longman.

Tyran, C. (2010). Designing the spreadsheet-based decision support systems course: An application of Bloom's taxonomy. *Journal of Business Research*, *63*, 207-216.

# 第五章

# 非翻轉不可？

隨著愈來愈多第一線的教師在課堂中採用翻轉的教學策略，質疑此教學策略的聲浪也隨之增多。其中，大多數的聲音集中在：爲什麼要採用翻轉教室？翻轉教室眞的能提升學生的學習成效嗎？翻轉教室不過就是把影片作爲學生的作業，如此就能改善學習風氣嗎？甚至，也有部分質疑認爲翻轉教室是否會造成師生雙方的負擔。爲此，本章節著重於介紹並梳理出運用翻轉教室做爲教學策略的理由與其注意事項。

## 第一節　翻轉教室的優點

就上述章節中提及的翻轉教室之特色而言，翻轉教室著重在課堂外與課堂內教學設計之間的相互配合。課堂外（即課前），學生利用教師事先提供與規劃好的學習資源，自主學習；課堂內，教師藉由不同學習活動的安排，引導不同程度的學生應用課前所自學的資源，以獲得更高層次的知識。然而，屬於翻轉學習之應用的學思達雖不劃分學習內容的時間與空間，但和翻轉教室一般，皆注重學生自學、思考與獲得中高階層次的知識技能。因此，就翻轉教室的教學策略來看，翻轉教室（涵蓋翻轉學習）有以下七個優點（郭靜姿、何榮桂，2014；鄧鈞文、李靜儀、蕭敏學、謝佩君，2014；Bergmann & Sams, 2012; Cockrum, 2014; Syam, 2012）：

1. 以學生爲中心，將學習的主導權歸還學生，培養學生自主學習的能力。
2. 顧及學生需求，特別有助輔導弱勢學生。

3. 增進學生與教師之間的互動與關係。
4. 降低課堂問題，增進學生的學習專注力。
5. 增進學生學習動機，降低缺課率。
6. 增加學生活用學習的知識內容的機會，讓知識靈活化。
7. 增進教學的品質。

上述七大優點又可再歸類成三項主要的翻轉教室之優勢：提升學習的成效、加深學習的層次，同時亦能增進教師的教學品質。

## 壹、提升學習的成效

如同本書不斷提及，學習應以學生爲主體。爲此，在此所談論的「提升學生的學習成效」，所討論的是班級中每一位學生與自己比較後的進步，而非單一探究程度落後學生的進步。在眞實的教育現場中，學生之間的學習落差是教師們或多或少都曾（甚至是正在）面臨的課題，特別是在國中小學的常態分班的班級中，更是常見。比如，程度好、自主性強與程度落後、缺乏學習動機的學生，皆安置在同一個班級，被規劃以同樣的學習方式學習同一份教材。如此的教學安排該如何滿足班上不同程度之間的學習需求呢？對程度較佳的學生來說，這樣的課程設計較難提供精進知識的機會；反之，程度落後的學生也因各種因素（如：講授速度太快等），未能將自己的能力充分發揮，且其學習成效遠低於應有的表現，但並非能力不足。許德便、王惠君（2002）提及，多元化設計教學、建立師生關係、激勵學生自主學習，甚至規劃有意義的作業活動等皆能有效提升學生的學習動機，進而改善學生的學習成效。而這些也正是採用翻轉教室教學策略的眾多附加理由，其主要目的皆是欲改善學習成效，達到因材施教的效果。

更精確地說，翻轉教室在妥善設計的情況下，其課外自學教材更貼近了不同程度的學生需求：程度較佳的學生可以利用教師提供的課外學習資源，主動且更深入的探究和主題相關的知識，而程度落後的學生則可重複自學教材至熟練。當然，有部分教師或許會質疑，程度落後的學生願意主動利用課餘時間自學的機率並不高，但在這裡需強調的是：若教師先主動伸出援手提供協助，讓學生感受到教師對他們的重視與關心，一定能激起每位學生想讓自己更好的渴望。此外，在傳統型的翻轉教室中，教師利用事先規劃好的補充資料，予以程度較高且能自主學習的學生自學使用。同時，教師也可善加利用精熟型的翻轉教室之模式，引導班上高程度的學生主導自己的學習，讓學生運用教材依照自己的進度學習；而對於程度較落後的學生來說，不論是在傳統型亦或是精熟型的翻轉教室中，鞏固基本知識成了這群學生學習的主要課題，而教師則可多花心思從旁協助。因此，就此看來，翻轉教室之模式讓教師在規劃課程時，能更加以學生之需求爲中心來設計學習內容，不僅激勵學生自主學習、引導學生自覺合適的學習模式、拉近師生間的關係等，同時也一定程度地提升了學習成效。也就是說，經規劃過後的翻轉教室將學習的主導權歸還學生，讓不同程度的學生在課堂外與課堂內都可以依照自己的進度與方式自主學習，進而讓每一位學生的學習成效都能達到一定的基準點，並不斷地超越原本的自己；讓程度好的學生，好還可以更好，中間程度的學生往更高程度前進，但同時也提供了較落後的學生一個跟上同學的機會。

## 貳、加深學習的層次

應用行爲科學國家訓練實驗室（National Training Laboratories for Applied Behavioral Science）曾公布了一個「學習金字塔」來呈現不同教學法下的知識保留程度，如下圖 5-1（符碧眞，2014）。舉例來說，單純以講述的教學方式，學生於兩週後的記憶只剩 5%；反觀若讓學生學以致用或教授他人，學生兩週後仍會記得 90% 的學習內容。愈往金字塔的上端，愈趨近以教師爲中心的教學法（即被動式教學法，Passive teaching methods），學習的記憶保留度愈低；愈往金字塔的底層走，愈趨近以學生爲中心的教學法（即參與式教學法，

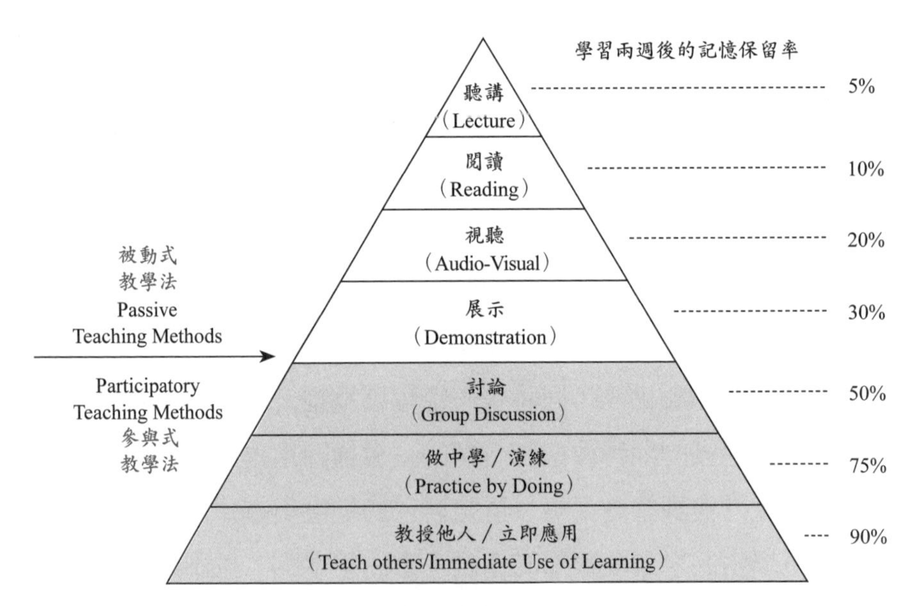


**圖 5-1　學習金字塔的知識保留程度**

資料來源：修改自符碧眞（2014）。設計一堂精采的課程：善用教學曲線安排教學流程。國立台灣大學教學發展中心電子報，17。2015 年 6 月 20 日，取自 http://ctld.ntu.edu.tw/_epaper/news_detail.php?nid=183。

Participatory teaching methods），學習的記憶保留度愈高，且愈往下走愈展現了合作學習的方式。

然而，在傳統的課堂之中，多數教師仍採用金字塔上端的教學法，在課堂中「講課」，因其教學操作最容易掌握。不過，在傳統講述法的課堂下，學生進階知識的習得占的分量並不多，高階層的知識技能幾乎微乎其微，而學生獲得的能力多屬記憶了解之基礎知識能力，如下圖 5-2 傳統講述法的知識能力比重。記憶、了解之基礎知識技能是進階層次與高階層次之知識技能的基本，學生沒有具備記憶、了解層次之能力是無法習得更高層次的知識技能，因爲基本知識不足、教材內容無法理解，是很難應用所學於問題解決或創新能力上面。如此的教學方式並不是不好，只是花了相對多的課堂時間在講授基礎性的知識，以至於沒有更多時間處理更高層次的知識。

翻轉教室的操作方式則是強調利用自學教材（不論教材形式），將聽講、閱讀與視聽等工作置於課前，將有限的課堂時間，應用所學的基礎性知識在更高層次的學習活動。正如先前提及的布萊姆理論中的應用、分析與評鑑知識，讓知識更完善的延伸。不過，於此得強調

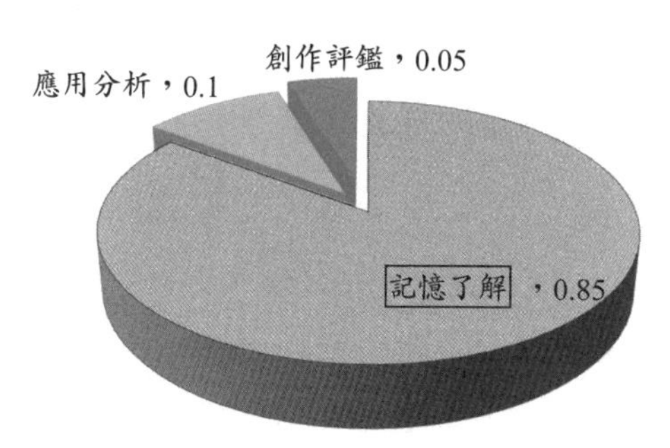


圖 5-2　傳統講述法的知識能力比重

的是，雖說翻轉學習的應用學思達教學策略並沒有在課前提供自學材料，但教師仍準備了段落式自學講義供學生在課堂中自學，且將大部分的時間留在引導學習更高階的知識。如下圖 5-3 翻轉教室下所強調的知識技能比重。

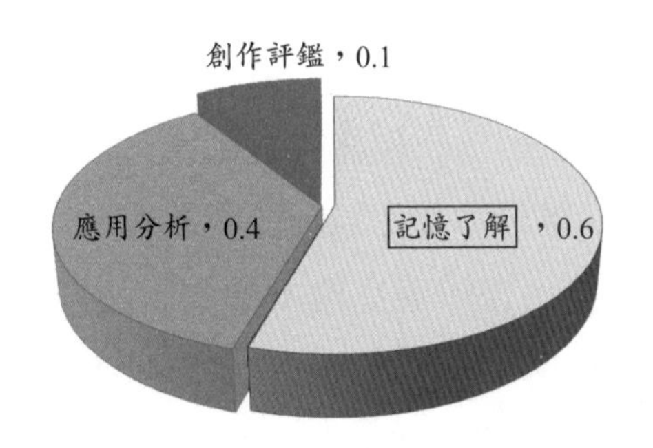


圖 5-3　翻轉教室下所強調的知識技能比重

然而，不意外地，翻轉教室同時也引起了這樣質疑的聲浪：「課前（外）回家自學和回家做作業並無差別」。不過事實上，安排課堂外自學與做作業的背後意義是不一樣的。正如本書中不斷強調的，翻轉教室策略安排學生在課堂外自學「基礎性」的教材，而中高階的知識技能則於課堂中與同儕們一同討論與學習；傳統講述課堂則是安排學生課內學習基礎知識，課堂外衍生練習中高階層的知識技能。或許有部分教師會問：這樣的操作差異大嗎？是的。基礎性的知識往往是較容易習得的，且設計讓學生自學基礎性知識的原因，除了是該類知識較容易習得以外，也可同時培養學生學習如何學習，而這也是出社會後的基本生存能力之一。此外，自學基礎性的知識要遠比應用課堂所學容易許多，且在 50 分鐘的課堂中，學生可維持專注力的時間並不長，在課堂上的基礎知識尚未釐清以前，就讓學生課後應用課堂所學是有可能適得其反，不但抹煞學習興趣的，也消磨掉了有教師與同儕的課堂學習時間。

除了學科知識以外，翻轉教室的教學策略同時也能引導學生掌握學科知識背後的學習技能。比如：解決問題的能力、做學問的能力等。由於翻轉教室的教學策略主要依賴學生自覺：「學習是自己的責任」，且教師主要的職責爲提供資源、規劃課程，並從旁引導與協助學習，因此在這樣的學習環境中，學生長久下來得以了解該如何利用現有資源、如何搜尋所需的學習資料，以及何時需要請求同儕，甚至教師的協助。而這些也是傳統講述型教室中，教師較難指導，但卻是相當重要的部分：學習終身學習的能力。最後，翻轉教室的教學策略（如：任務導向的課堂活動等）同時也更容易讓學生體會到知識和生命之間的連結，讓學生理解學習不再只是爲了課綱、考試，而是爲了更了解自己生活周邊的環境。這也是學習的核心意義之所在。

## 參、增進教學的品質

事實上，教師和學生一樣都是需要鼓勵的；其中的差別只在於對教師來說，學生對知識的渴望與進步是教師們最大的鼓勵，而學生的需求也驅使著教師們繼續精進。教學品質的提升主要來自專業知識、課程規劃、教學技巧，以及班級經營能力的不斷求進與反思。然而，在翻轉教室的領域中，教師想要提升教學品質永遠都不需孤軍奮戰。此外，也正因不需孤軍作戰，能和其他優秀的教師集思廣益，更容易增進教學品質。

在台灣，若是想更了解翻轉教室的相關資訊，除了搜尋翻轉教室的相關著作以外，「翻轉教室 @ 台灣（http://www.fliptw.org/），圖 5-4」是台灣的翻轉教師們可利用的線上資源，也是目前台灣較多人所使用的翻轉教室平台。在翻轉教室 @ 台灣的平台上，除了有翻轉教室的介紹、操作方式、翻轉實例和討論區以外，採用翻轉教室的教師們也常不定期的在該平台上舉辦實際的研習活動，相互切磋，精進教學。

圖 5-4　翻轉教室平台——翻轉教室 @ 台灣

此外，雖說在「翻轉教室 @ 台灣」的網頁中也能搜尋到「學思達翻轉」，但「flipping-chinese（https://flipping-chinese.wikispaces.com/home，圖 5-5）」平台提供了更完整的學思達資訊，如：學思達的具體操作、自製講義的公開分享、開放觀課的學校與科目，以及觀課後心得等；此平台是專門提供欲採用學思達教學策略的教師所使用。在 flipping-chinese 平台上，教師可以觀看並參考其他教師的講

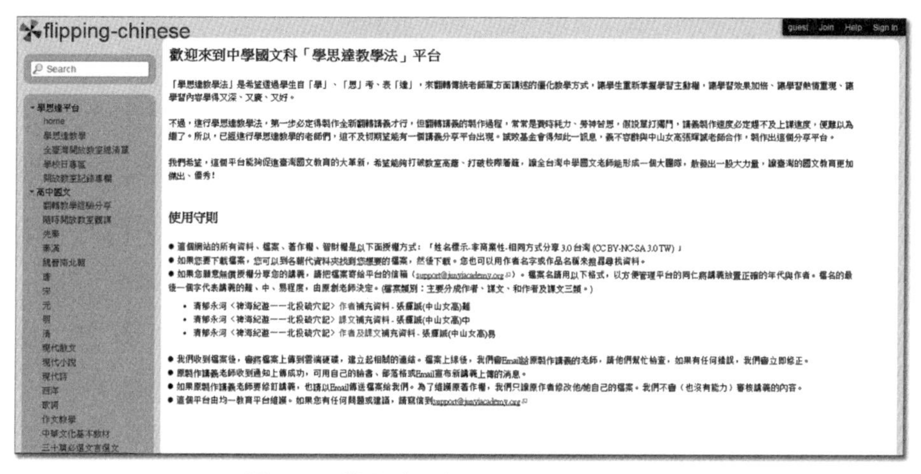


圖 5-5　學思達平台——flipping-chinese

義編排，進而設計成適合自己學生的教材，以縮短備課時間；同時也可分享自製的講義供其他教師使用。此外，新手教師也可利用此平台上提供的觀課課表，抽空觀看其他資深學思達教師的課程設計與課堂操作。如此一來，該平台不但提供了新手教師一個較快精熟學思達的途徑，而且新手教師在觀課後所提供的觀課心得也可作爲資深學思達教師反思課程之設計的一部分，相輔相成讓教學更貼近學生的需求，提升每一門課的品質。

最後介紹的是外國知名的翻轉教室平台——「Flip Learning（翻轉學習，http://flippedlearning.org/FLN，圖 5-6）」。同樣的，Flip Learning 網站上也提供了許多和翻轉學習相關的資訊，如翻轉學習工作坊等訊息。然而，不一樣的是該網站上也同時提供了許多翻轉學習的相關應用影片，以及學術資料。而上述這些社群平台皆提供了教師之間交流的機會，讓教師能更即時地相互切磋教學之技巧。

圖 5-6 外國知名翻轉教室網站——Flip Learning

## 第二節 翻轉教室的注意事項

翻轉教室的操作準則之一便是徹底釐清翻轉教室的概念，並仔細評估該策略是否適用於自己的教學課堂之中。然而，為了要更全面性的了解翻轉教室的操作策略，翻轉教室於教與學上的注意事項是不能不探討的。承上述所提及翻轉教室教學策略的核心價值為將學習的主動權歸還給學生，讓學生有意識的學習，並顧及學生的需求，進而培養學生自學與更高階層之能力。然而，翻轉教室教學策略亦並非萬靈丹。並非翻轉教室的教學策略都不會遇到限制與困難。如：備課問題、學習內容之深度問題、適應性問題、評分公平度問題、進度問題，以及教師與家長之間的溝通問題。這些都是欲應用翻轉教室教學策略的教師須正視的議題。

## 壹、備課問題

一門有效的翻轉教室課程，從課前的自學教材（或課堂講義）到課堂活動設計都是須經過教師謹慎設計與規劃的。因此，提及翻轉教室時，反對聲浪大都集中在：翻轉教室需花費教師過多的時間規劃與設計課程，因此翻轉教室是教學中的理想，但在現實教學現場中並不是眞的可行。是的，翻轉教室的課程是需教師投入時間與心力的。翻轉教室之教學策略雖著重於提升學生學習成效、學習深度與教學品質，但其本意並非要剝奪教師所有的課餘時間。因此如何有效地利用時間與資源輔以規劃翻轉教室的課程則是設計翻轉教室的重點。比方說，善加利用上述提及的現有資源（如：翻轉教室 @ 台灣或 flip-chinese），以及開放式資源（有關此部分的詳細內容請參閱後面的章節）等。此外，翻轉教室的核心重點在於：並非要求教師翻轉一整學期中的每一門課程，而是翻轉對學生來說有意義的學習重點。爲此，在採用翻轉教室的教學策略之初，教師可以選擇性地翻轉特定幾個學習重點即可。接著從中吸取經驗、調整教學方式與內容，慢慢積累屬於自己的一門翻轉教室課程。

## 貳、學習內容之深度問題

翻轉教室的教學策略常讓人直接和「小組討論、合作學習、遊戲學習」等名詞連在一起，因此有部分新手翻轉教師在課堂中大量地安排了小組合作、遊戲等作爲翻轉教室的課堂安排，而忽略了翻轉教室眞正的翻轉核心：學習內容的深度。雖說有趣的課堂固然能驅使學生對課程內容產生興趣、了解合作的重要性等，但有趣的課堂並不能和有效與深度的學習劃上等號。因此，除了趣味性以外，欲採用翻轉策略的教師需注意課程內容的規劃，讓有限的課堂時間發揮最大的效用，引導學生加深學習的深度與廣度。

## 參、適應性問題

無論是學生，亦或是教師，對於新的翻轉教室教學模式都需要一段適應期。Bergmann 與 Sams（2012）曾表明，即便使用翻轉教室教學策略下的學生在學習的成效與動機是顯著的，但他們在一開始介紹這模式的教學方式時，學生的反應是不太能接受的。張輝誠（2015）也表示，翻轉策略最好是在新學期一開始就採用，新生的接受度會比舊生高出很多。然而，雖說課程時間的長與短之時間定義因人而異，但在正式採用翻轉策略前，給予學生三至四次翻轉學習的引導是有必要的。爲此，在此不建議教師在少於五次課程的課堂上使用翻轉策略。此外，在教師方面亦然；Cockrum（2014）提及，不少害怕新科技的教師對於翻轉教室教學策略也感到焦慮。由此可知，翻轉教室教學策略對於學生和教師來說，都需要一段適應期。

## 肆、評分公平性問題

Bergmann 和 Sams（2012）與 Cockrum（2014）皆認爲，在實行翻轉教室的策略時，評分之公平與否也是翻轉教師們易面臨的議題之一。比方說，在不同的學習體制中（如：學校），教師在學習最後大都會給予學生一份學習成績來表示學習成效。先不論成績是否能眞實地呈現學習成效，評分的公平性與否在教學體制內略顯重要。然而，於翻轉教室的教學中，評分對於教師來說，難度又更加高了。其主因是使用以學生爲中心的翻轉教室爲教學策略之時，學生有極多的權利來自我掌控學習進度與方式，甚至也可自我決定學習期末時的評量方式。如此一來，在翻轉教室教學策略下，評量的公平與否，以及教師給予成績的高低便成了需要關注的議題。不過，值得一提的是，Bergmann 和 Sams（2012）與 Cockrum（2014）認為評分表（rubrics）可以系統性的解決部分公平性的問題。然而，教師仍須注意：雖說採用翻轉教室策略的教師可以利用評分表來系統性的評分，但學生自行選擇的評量方式與內容和同儕之間的關係，在起始點不一樣的前提之下，教師要如何藉由評量公平地評斷學習成效，這些都是於實施翻轉教室教學策略時不可輕忽的部分。

## 伍、進度問題

在學校或體制下的課室中，教學進度向來都是授課教師需關注的議題之一。因為課堂時間有限，但每位學生所需的個別學習時間則有部分的落差。然而，翻轉教室著重的便是給學生時間充分自學、思考、討論，以及應用或表達的機會。因此，教師們也有不少與教學進度相關的疑慮。張輝誠（2015）曾表示，若翻轉教室中的學生各個已具備自主與自學之能力，教師是否「講授」完課本內容便不再是個問題。也就是說，學生在翻轉教室策略的引導下，已具備自學教師所編製的講義或學習教材之能力來補足進度。此外，如同上述不斷提及的，翻轉的本身並非重點，重點是利用翻轉策略加強學習的深度與廣度。因此，欲採用翻轉策略的教師應先分配好學生必學的內容，針對性翻轉，而非所有的內容細節都翻轉。以語言學科為例，單字不需要每個都教，挑重點翻轉即可；文法也不需要每個都翻轉，只需翻轉學生易混淆的部分便是。

## 陸、教師與家長之間的溝通問題

由於翻轉教室對於家長和學生來說相對是較陌生的教學方式，因此身爲一位專業的教師，適時地讓家長（特別是國、高中、小學的家長）了解何謂翻轉教室、爲何採用翻轉教室教學、如何處理教學進度的問題，以及如何評分等相關議題都是相當重要的。爲此，使用翻轉策略的教師可以善加利用多媒體資源（如：facebook社團或line群組）更新和教學進度相關的資源，將教學進度透明化，讓家長、學生與老師都能即時觀看、更新資訊。此外，針對部分無法使用網路的家庭，教師可定期地提供更新的紙本資料，讓每一位家長都能更加了解自己孩子的學習狀況。

# 第三節　小結

至今翻轉教室獲得了熱烈地迴響，若尚且不論翻轉教室是否眞的有助於學習，翻轉教室的浪潮也確實激起了教師們的教學熱誠與社會大眾對於「學習」本質的探究，甚至對「教育」本身的探討。

最後，誠如本章標題：「非翻轉不可嗎？」，答案肯定是「否」，因爲並沒有哪一個教學方法是盡善盡美的，只有懂得善用教學法的教師。唯有徹底地了解各種教學方法與其優點和需注意之事項，才能更有效地規劃出適合自己學生的課程。因此，在充分瞭解學生需求以前，沒有非翻轉不可的理由。也就是說，若是教師平時的教學方式已能滿足學習需求，那麼教師並不需執意翻轉，只需了解翻轉教室的概念與操作方式以備未來使用。

然而，就教學策略而言，雖說至今有眾多的教學策略，且翻轉教室教學策略也並非教學上的萬靈丹，但翻轉教室讓更多第一線的教師重新思考了教與學的本質，也激起了更多的教學熱誠，以及教師間互助合作求進步的精神。同時，翻轉教室也讓更多的學生瞭解如何自主學習，而這些不僅都是操作翻轉策略下課堂的核心價值，也是學習的本質。爲此，下兩章節著重討論翻轉教室教學策略的操作建議。

## 參考文獻


張輝誠（2015）。學．思．達：張輝誠的翻轉實踐。台北市：天下雜誌。

符碧眞（2014）。設計一堂精采的課程：善用教學曲線安排教學流程。國立台灣大學教學發展中心電子報，17。2015 年 6 月 20 日，取自 http://ctld.ntu.edu.tw/_epaper/news_detail.php?nid=183。

許德便、王惠君（2002）。提升低成就學生學業成績之行動研究。2015 年 11 月 20 日，取自 http://91.phc.edu.tw/~wgjh/wgjh9y1/9y1/c/09/0901.pdf。

郭靜姿、何榮桂（2014）。翻轉吧教學！台灣教育，686，9-15。

鄧鈞文、李靜儀、蕭敏學、謝佩君（2014）。翻轉吧！電子學。台灣教育評論月刊，3(7)，17-24。

Bergmann, J., & Sams, A. (2012). *Flip your classroom: reach every student in every class every day*. Washington DC: ISTE and ASCD.

Cockrum, T. (2014). *Flipping your English class: to reach all learners*. New York: Routledge.

Syam, M. (2014). Possibility of applying classroom method in mathematics classes in foundation program at Qatar. In *SOCIOINT14- International Conference on Social Sciences and Humanities* (pp. 180-187).

第六章

# 如何開始你的翻轉教室？

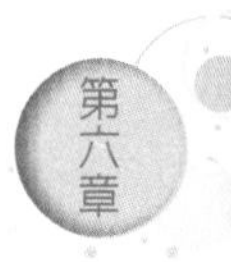




本章依據翻轉教室的基本操作流程，提供了翻轉教室之課堂內外的操作要點予以教師們參考。例如：教師該如何自製翻轉教室的課前自學影片（包括該選用哪些工具來輔助與製作影片）、除了自製影片外，教師是否有別的方式準備課前自學教材、如何規劃合適的翻轉教室課堂活動與課後評量等。下圖 6-1 爲常見的（即爲傳統型或第一階段）翻轉教室教學流程圖；由分析單元內容開始，到統整教材內容、轉化數位影片、課前觀看學習、課中思辨表達，最後課後評量複習。

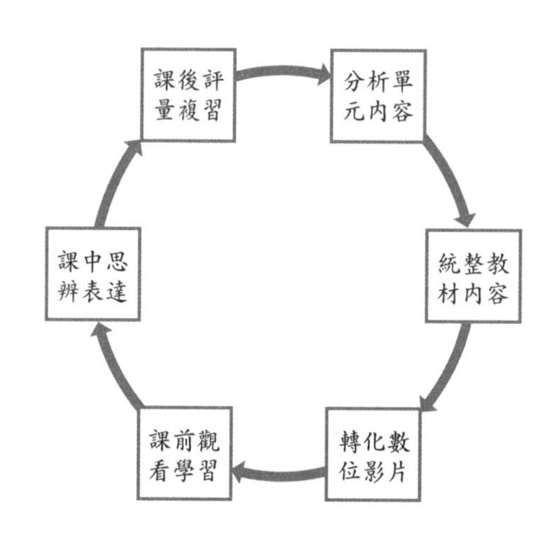


圖 6-1　常見的翻轉教室教學流程圖

正如所有的學習一般，翻轉教室教學策略是需要師生間高度的相互合作。在欲使用翻轉教室教學策略的課堂中，教師與學生更是缺一不可，甚至（國、高中、小學的）家長和學校也扮演著重要的角色。下表 6-1 爲翻轉教室中教師、學生與家長或學校機構在課堂內外的操作建議細項。接下來針對教師在翻轉教室的課堂外與內之操作建議細

表 6-1
翻轉教室中的教師、學生與家長或學校機構在課堂內外的操作建議細項

| | 教師 | 學生 | （國高中小學）家長／學校機構 |
|---|---|---|---|
| 課堂外（課前與課後） | □ 規劃教學內容。<br>□ 選用平台。<br>□ 準備自學教材。<br>□ 準備自學評估表。<br>□ 準備同儕互評表。<br>□ 準備評量表。 | □ 自學教材。<br>□ 填寫自學評估表。 | □ 提供設備。 |
| 課堂內（課堂中） | □ 暖身活動。<br>□ 引導討論自學難點。<br>□ 實行課堂活動。<br>□ 課堂總結。 | □ 自學、思考。<br>□ 小組合作、表達。<br>□ 複習。<br>□ 填寫同儕互評表。<br>□ 填寫評量表。 | |

註：若是學校或學生家庭之經濟狀況不允許，請教師額外準備紙本的課堂外自學教材。另外，有關同儕互評表與評量表之填寫時間，教師可自行安排，於課堂內完成或課後完成皆可。

項分述之。然而，爲了讓翻轉教室之操作脈絡更加清晰，本書將翻轉學習的應用——學思達安排至後面章節詳盡介紹。

## 第一節　課堂外之六大操作技巧

爲了讓翻轉教室更容易操作，本書將翻轉教室的課堂外之操作建議簡化並歸類成六個步驟，以供需要的教師應用；其步驟如下：

壹、規劃教學內容

貳、選用合適的師生交流平台

參、準備課外自學教材

肆、準備自學評估表

伍、準備同儕互評表

陸、準備評量表

在此並不細分為課前與課後闡述，皆以「課堂外（或課外）」統稱，其主因為除了前幾次與最後一次的課堂教學可能有些微差異以外，平時課前的操作亦等於上一堂課程後的操作，並無太大差異。故不分述之。

## 壹、規劃教學內容

翻轉教室的教學重點在於利用經設計過的自學教材引導學生在課堂外學習基礎的記憶性知識，並接著運用有限的課堂時間誘導學生應用基礎知識進行中高層次的知識學習。廣義的翻轉教學之課堂外學習內容並不受限於學生只觀看數位影片，如國語單元內容也可以製作投影片格式內容，投影片包括：課文朗讀、生字解說、新詞認識與造句練習、課文深究、看圖說故事、測驗評量等，投影片內容包含：聲音、圖片、互動式的測驗評量等，學生觀看與操弄投影片內容也可以學習國語科新教材內容，由於聲音是由任課教師錄製、投影片可以動手操弄、畫面連結清楚，學生會有較高的學習興趣。課堂中教師根據教材內容，以學生為中心，安排論述表達、腦力激盪、分析創作等學習活動，學生也能習得較高層次的知識技能。因此，不論教師欲採用傳統型或是精熟型的翻轉教室，Bergmann 與 Sams（2012）都建議教師翻轉的第一步先思考「學生最後需要學會哪些知識？」，並將其知識分層次：基礎記憶類的知識安排至課外予以學生自學，中高層次的知識則放在課堂內共同學習。就外語教學爲例，記憶類知識包括：語音、生詞（單字）、語法（文法）、標點符號的使用、文化性知識等，皆可以是翻轉教室中的教師規劃課堂外學習教材時的內容。然而，除了這些基礎性的知識以外，Cockrum（2014）則更樂觀地認爲，任何主要學習內容的前導知識都可以歸類爲基礎性的知識。比如：以聽力教學來說，學生可以於課前先自學一則教師選定或自製的影片，接著在課堂上討論影片中所使用到的生詞、語法和句子架構等；而在口說課程中，亦可以先於課外使用影片或錄音等，讓學生記錄下他們認爲的不錯句式，並於課堂中討論等。也就是說，就課堂外的學習內容來看，基礎層面的知識與前導性的知識皆可以是教材的重點，即是先前新的布魯姆教育目標中知識向度中的技能。

然而，在翻轉教室教學策略的課堂之中，除了課外自學教材的教學內容需教師細心規劃以外，課堂中的教學內容之規劃也是不容馬虎的。因此，爲了更清楚地梳理翻轉教室的課堂內之操作建議，本書將翻轉教室的課堂內教學內容規劃留置後面章節詳述。

## 貳、選用合適的師生交流平台

現今從捷運上人手一台智慧手機，到餐廳裡家長提供平板安撫孩子，再到愈來愈多的教學現場提供電子白板，不難發現隨著時代的變遷，數位科技與技術改變了我們的生活模式與習慣，甚至同時也顚覆了學習的方式。然而，學習方式的改變也同時意味著教師的教學需與時俱進。在翻轉教室教學策略中，爲了讓翻轉教室的課堂能順利且有效地進行，教師必須在課前提供自學教材、追蹤學習進度，以及了解學生的學習狀況。因此，建議欲採用翻轉教室教學策略的教師選用一個合適自己班上學生的交流平台，以便往後課程中能方便且即時地更新課堂相關資訊、自學教材，與追蹤學習進度。

不過，不同階段的教師可以依學生的特性選擇不同的平台。比方說，若教師教授的是大學或研究所（以上）的學生，教師可以善加利用 Facebook 作爲師生間的橋樑。當然，教師們也可以使用一般大專院校所提供的數位平台（如：Blackboard、Moodle 等），不過比起這些教學性質的數位平台，學生在生活中更常使用 Facebook。爲此，建議大學以上的教師可採用學生較熟悉且較常使用的平台以提升學生參與學習的機率。然而，若是教師教授的對象爲國小的學童則不建議使用 Facebook 作爲交流媒介了，其主因爲在國小這個階段的學童相較不清楚社群網站的特性，以及該如何駕馭社群網站。因此，建議國小的教師們除了可以選用自己服務學校所提供的資源平台以外，也可以善加利用現有的免費資源，如：誠致教育基金會的均一教育平台（http://www.junyiacademy.org/），以及 educoco（http://educoco.udn.com/welcome.action）等這類經設計過的教學平台，協助教師系統性地整理學習資源，並提供國小學童更友善與完整的學習空間。如下圖 6-2 爲誠致教育基金會的均一教育平台，該平台除了提供一個教學的空間以外，也同時提供了不同年級部分學科的學習資源（包括學習影片與練習題等）予以教師和學生使用。圖 6-3 爲均一教育平台所提供的數學科學習資源。就數學科爲例，該平台整理了國小至高中的重點學習單元。

圖 6-2　誠致教育基金會的均一教育平台

圖 6-3　均一教育平台所提供的數學科學習資源

另外，圖 6-4 為 educoco 的示範圖例，educoco 是中小學版本的 Facebook，educoco 幫教師與家長們控管了學生在社群網站上的交友圈與所閱讀的資訊。因此，學生在接觸實際的社群網站（如：Facebook）以前，教師可以藉由 educoco 來培養學生良好的社群網路

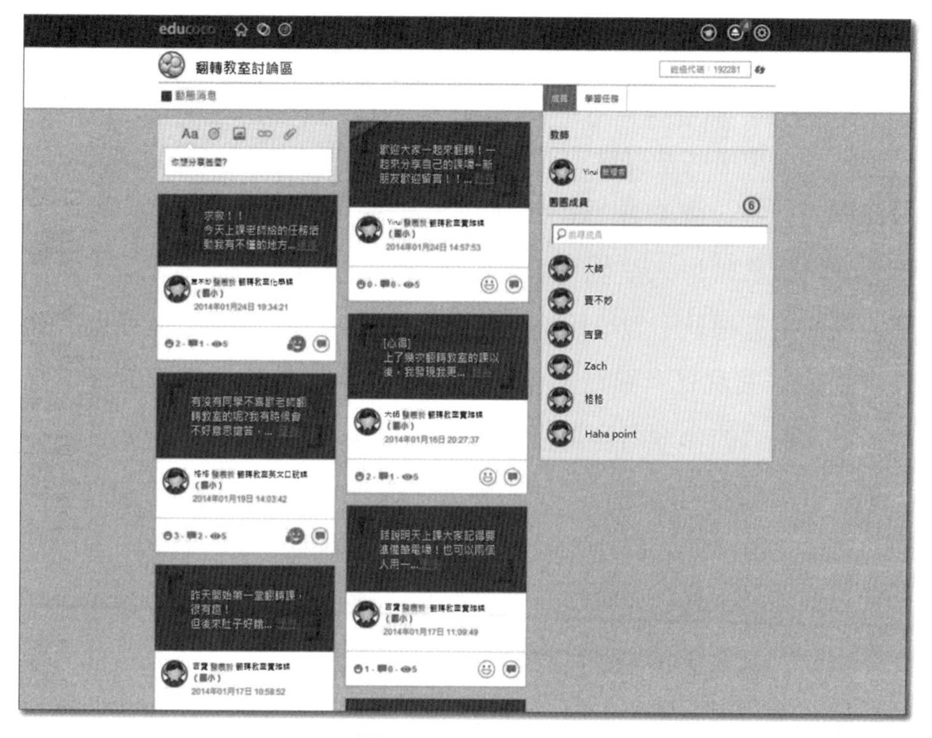


圖 6-4　educoc 平台

資料來源：修改自陳迪智 (2014)。介紹聯合報 educococ 社群學習平台（3/7 發表會簡報），27。2015 年 3 月 6 日，引自 http://www.slideshare.net/peela/introduce-edu-coco-0307-32127774。

的使用習慣。這也是數位時代下，學生須養成的知識。

最後，若是教師服務的學校爲國高中職，教師在平台的選擇上則建議依照自己學生的特性來選擇適合自己學生的平台（Facebook、學校提供的教學平台、均一教育平台，或是 educoco 等）。選擇社群平台 Facebook 作爲師生交流媒介的教師也可藉此培養學生實際運用社群網站的習慣。當然，對國高中職的教師來說，均一教育平台部分提供了現有的學習資源，因此也是相當不錯的選擇。

## 參、準備課外自學教材

在規劃好學習內容與使用平台後，教師緊接著得思考的便是如何有效地呈現這些基礎性或前導性的知識向度之內容。就翻轉教室的教學模式而言，課堂外的教材可以是講義、課本、CD、影片等，並不是非得以數位形式呈現不可。不過，Nicolosi（2012）認爲，現今國內外採用翻轉教室教學策略的教師大都採用影片作爲翻轉教室的課外自學教材其實是有跡可循的，因爲對於身處於數位時代的學生來說，數位形式的學習內容是相對較適切的，且其接受度與成效都相當不錯。針對翻轉教室課外影片的提供，Bergmann 和 Sams（2012）與 Cockrum（2014）皆提及，學習目標是教師提供影片的重點。對於初次採用翻轉教室教學策略，以及擔心自己數位能力的教師來說，網路上的現有資源便成了教師翻轉時最容易切入的課外自學教材，而資深的翻轉教師也可在符合該單元的學習目標之情況下善用現有資源。也就是說，翻轉教室的課外自學教材並非一定得自行製作。

### 一、可運用之現有網路資源

近年來，翻轉教室的教學策略也已漸漸和線上的開放式課程作連結。例如：「可汗學院」（Khan Academy）、「磨課師」（Massive Open Online Courses, MOOCs），甚至是開放式課程（OpenCourseWare, OCW）等。可汗學院與磨課師等這類的課程以系統性地規劃了學習內容（包括了影片、講義、練習題等），這些資源的應用對於一開始接觸翻轉教室的教師來說，相較容易上手些，亦可以大大地降低數位科技的焦慮感。此外，對於數位技術很熟悉的教師來說，亦可以參考這類開放式課程的影片與教學內容加以應用，甚

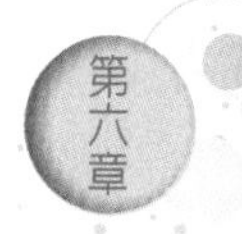


至以這類教材內容作爲依據，進一步製作屬於自己課程的教材。以下爲可運用之線上開放式資源（整理自劉怡甫，2013a），如下：

1. YouTube 資源：YouTube、YouTube EDU、YouTube for Schools，以及台灣知名雜誌在 Youtube 中的影片頻道（如：天下、親子天下、康健、Cheers 和遠見等）。
2. TED 資源：TED Talks、TED-Ed、TEDxYouth（在 Youtube 上也可觀看這些資源）。
3. 數位學院資源：Khan Academy（可汗學院，在 Youtube 上也可觀看這些資源）、均一教育平台。
4. OCW 資源：國外知名大學 OCW（哈佛、史丹佛、耶魯、MIT 等），以及台灣開放式課程聯盟學校。
5. MOOCs 資源：（美國）Coursera、edX、Udacity、Canvas、Udemy、NovoED 等；（德國）iversity、OpenHPI；（法國）FUN、Neodemia；（英國）FutureLearn；（澳洲）Open2Study；（日本）JMOOC、gacco；（中國）學堂在線、好大學在線、網易公開課、優酷網—教育版、土豆網—教育版；（台灣）TaiwanMOOCs、ewant、TaiwanLife、明德在線等。
6. 其他教學型資源：Discovery Education、National Geographic Education 或 NASA Education 等。

## 二、自製教學影片之工具

目前在翻轉教室領域中，錄製影片是準備課外教材中談論最多的部分。劉怡甫（2013b）曾表示，採用翻轉教室策略下的課堂外自學內容若是由教師自行錄製，除了可傳遞知識外，亦可拉近師生間的關係，進一步建立學生對於教師的信任感。此外，教師也可在製作影片時，規劃更符合自己學生需求的影片。因此，在影片的錄製工具之選擇上，除了作者本身的使用經驗外，同時精選了王俊仁（2015）、Bergmann 和 Sams（2012），以及 Cockrum（2014）所提供的翻轉教室錄製軟體之建議（一併整理如下）：

1. Camtasia：http://www.techsmith.com/camtasia.html
2. Explain Eeverything：http://explaineverything.com/
3. EverCam：http://tw.formosasoft.com/cpage/evercam/
4. oCam：http://ohsoft.net/
5. Jing：https://www.techsmith.com/jing.html
6. Screencast-o-matic：http://www.screencast-o-matic.com/
7. eduCanon：http://www.educanon.com/

以上這七個影片製作工具是使用翻轉教室教學策略下的教學現場常使用的。前兩個錄製工具 Camtasia 與 Explain Everything 皆爲付費軟體；EverCam 則是提供了付費版與免費版之軟體；其餘四個影片製作工具爲免費版，予以有經費上考量的教師使用。

1. Camtasia（付費）：http://www.techsmith.com/camtasia.html

Camtasia 是大部分現有開放資源（如：國外知名磨課師平台 Coursera）所採用的螢幕錄製軟體，主要功能包括：錄製電腦螢幕畫面、簡報（PowerPoint）畫面，以及語音旁白，且同時提供後製編輯功能。此外，Camtasia 公認爲是翻轉教室教師們錄製課外自學影片的一大幫手之一，其主因爲 Camtasia 軟體具備了即時測驗編輯功能

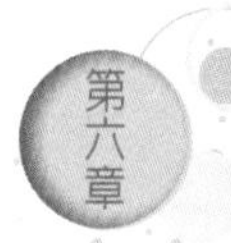

與自動反饋功能，予以教師們檢視學生觀看自學影片的成效。然而，雖說 Camtasia 具備了不少教師可用於製作教學教材的功能，但因 Camtasia 主要以線性的方式編輯影片，因此使用者在編輯影片時，需找到特定的編輯點才得以剪輯影片。圖 6-5 為 Camtasia 使用介面之介紹：右上方①為影片視窗的配置區（即為影片預覽區）；左上方②則是影片內容編輯區（如：嵌入測驗功能、轉場功能等）；下方③則為影片編製的時間軸。

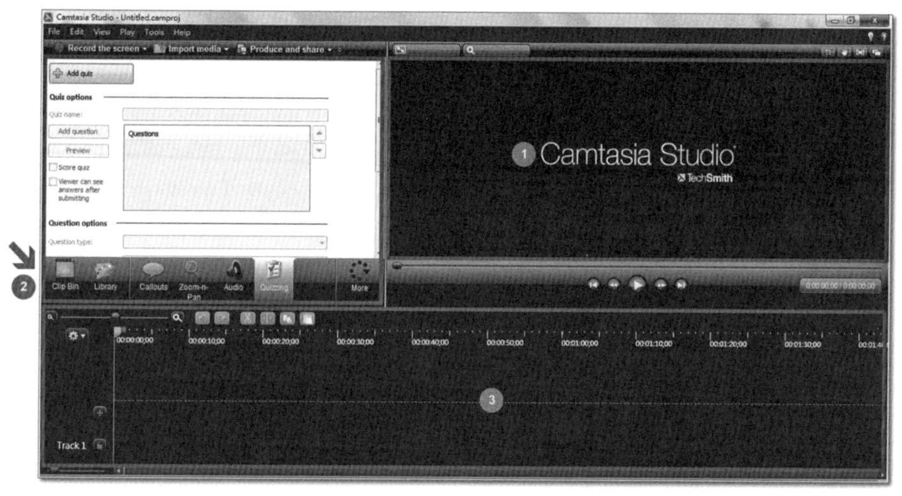


圖 6-5　Camtasia 使用介面之介紹

2. Explain Everything（付費）：http://explaineverything.com/

Explain Everything 除了是螢幕錄製工具外，同時也具備了互動電子白板的功能，主要予以教學上使用。Explain Everything 和 Camtasia 不同的地方是 Explain Everything 提供了 Android 與 ios 版本的應用程式（APP），方便教師直接在平板上編輯與操作，同時也提供了中文介面的選擇。此外，Explain Everything 也支援了不同檔案的匯入與匯出（如：PDF、dropbox、evernote、email 之檔案等），且 Explain Everything 得以讓教師們直接在該應用程式內編輯網頁與簡報（PowerPoint），節省備課時間。不過，雖然 Explain Everything 已提供了使用者以段落的方式編輯影片（如：以 PowerPoint 單張爲編輯單位），但 Explain Everything 仍舊不能針對該段落直接剪輯。也因爲 Explain Everything 沒有提供底色更換的功能，因此教師在編輯部分淺色底的影片時則較麻煩。另外，Explain Everything 雖已是教師錄製教材時的一大幫手之一，但仍缺少了匯入影片檔案，以及直接錄製畫面中影片的功能。不過，Explain Everything 所具備的螢幕錄製與互動式白板功能，也已提供教師一個更容易編製教材的方法了。圖 6-6 爲 Explain Everything 使用介面之介紹（修改自數位學習無國界，2012）。

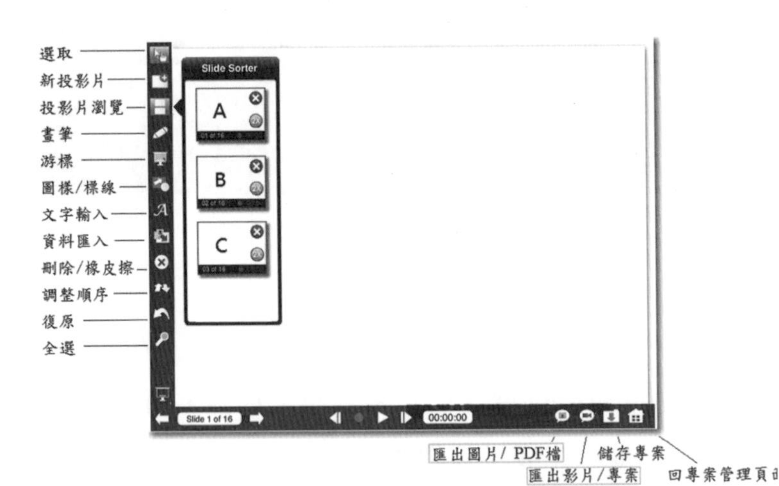


圖 6-6　Explain Everything 使用介面之介紹

資料來源：修改自學習無國界（2012）。應用程式介紹：EXPLAIN EVERYTHING。2015 年 12 月 24 日，引自：http://chinese.classroom-aid.com/2012/10/explain-everything.html/。

3. EverCam（付費／免費）：http://tw.formosasoft.com/cpage/evercam/

EverCam（前身為 PowerCam）是台灣自行開發的螢幕錄製工具，其主要的操作介面為中文。相較前兩個螢幕錄製工具 Camtasia 與 Explain Everything，EverCam 較特別的是 EverCam 並無細分免費版（或試用版）與正式版的下載點。若是使用者在下載 EverCam 後的一個月內授權註冊，該軟體則升級成正式版；反之則為免費版。免費版與正式版的錄影長度皆無限制，但免費版無法將檔案以 Flash、mp4 與 wmv 的格式匯出，且需搭配該公司研發的平台（Camdemy，http://www.camdemy.com）使用，同時也不得以其他的形式分享。此外，若是使用免費版的軟體錄製教材，在上傳上述 Camdemy 的網址以前，皆會出現浮水印。不過，現今因該軟體公司欲推廣教育，主動邀請第一線的優秀教師一同參與該公司的「翻轉教室」公益計畫；該計畫除了提供教師們數學科的現有教材以外，也提供了免費的 EverCam 軟體，以及 k12.camdemy 平台之校內支援等。該公益計畫連結如下：http://k12.camdemy.com/cpage/k12math_project/，予以需要的教師與學校使用。

在功能面上，同樣是螢幕錄製工具的 EverCam，也能幫助教師記錄下螢幕畫面上所有的動作（如：滑鼠軌跡）、教師的畫面，以及聲音。相較於 Camtasia 與 Explain Everything，EverCam 簡化了不少錄製與編輯時的步驟，盡可能讓製作影片更容易。圖 6-7 是 EverCam 的簡報錄製之介紹。就錄製簡報（PowerPoint）而言，EverCam 和 Camtasia 一樣，都具備了內嵌簡報功能，不過 EverCam 還增加了指定單張投影片錄製的功能。因此，欲錄製影片時僅需將畫面停留至欲

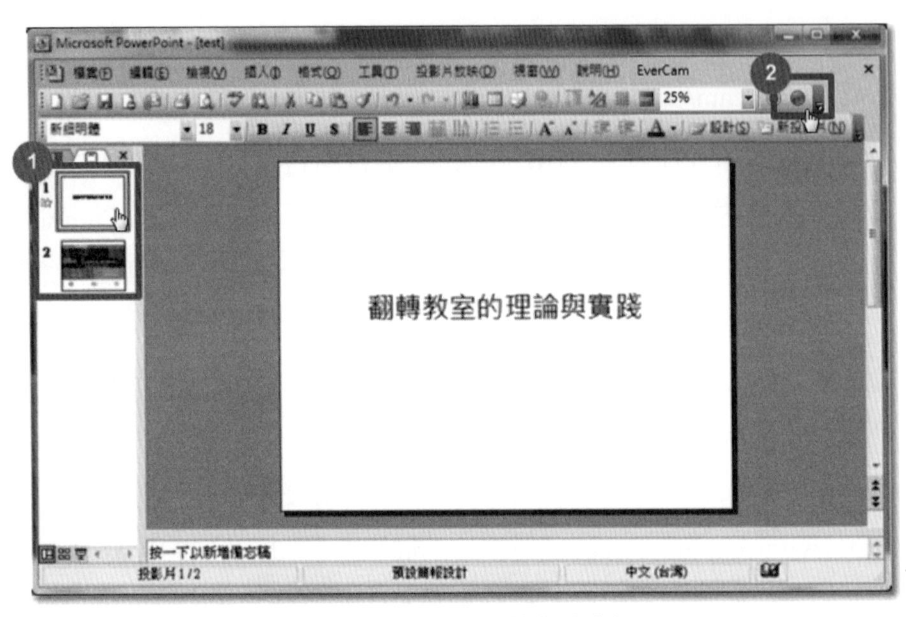


圖 6-7　EverCam 錄製簡報之介紹

錄製之頁面（如：①），接著按下②的紅鈕，就能讓教師們能直接在編輯簡報的同時輕鬆錄製影片。接著，教師也僅需按鍵盤上的【Esc】鈕，即可結束錄影。

圖 6-8 爲 EverCam 的影片編輯介紹。在影片錄製完成後，點選工具列上的【EeverCam】→【編輯講義（如：③）】，即會跳出 EverCam 編輯工具。接著，教師便可以輕鬆地在圖 6-8 畫面右側④看到錄製的檔案；教師可以藉由工具列⑤來簡單編輯所錄製的影片。不過，也因該軟體最初的設計初衷是簡化繁雜的錄製功能，所以 EverCam 同樣也不支援剪輯指定單張投影片內容之細節。因此，若是教師想要挑戰更多的後製技巧（如：轉場功能）或是更多的互動式白板的功能，則建議使用 Camtasia 或 Explain Everything。最後，

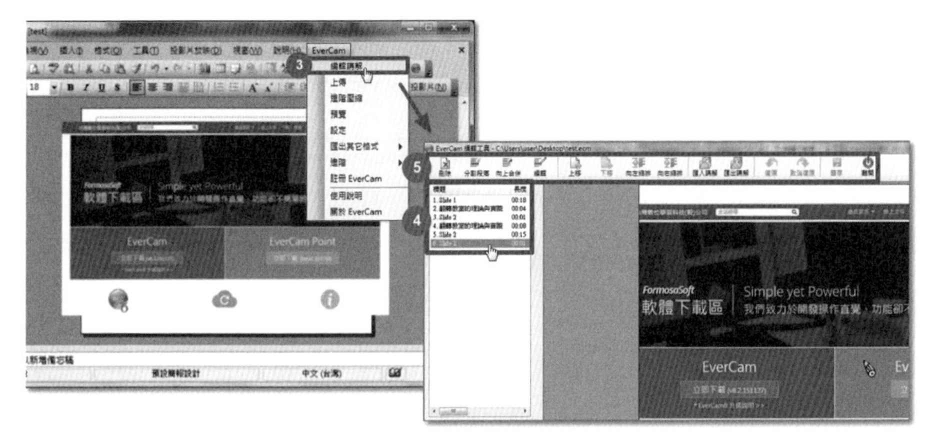


圖 6-8　EverCam 影片編輯之介紹

註：圖 6-7 與圖 6-8 之操作示範是以 Office 2003 版本之簡報爲例。若是使用者所使用的簡報版本在 Office 2007 以上，其操作模式也大致相似。

EverCam 在檔案匯出時會自動調整成全球支援度最高的 mp4 格式。對於相較憂心自己數位能力的教師來說，EverCam 會是準備影片教材相當不錯的選擇之一。

4. oCam（免費）：http://ohsoft.net/

oCam 是一套免費的螢幕錄製與畫面擷取的工具，同時支援了中文的介面。在錄製影片時，oCam 並沒有時間長度上的限制，是相當方便的螢幕錄製工具，且其錄製品質也是相當不錯。此外，oCam 也是好上手的免費錄製工具之一。使用者可以自訂錄影畫面的擷取大小，同時錄製電腦與麥克風的聲音，還可以依照個人需求自訂快捷鍵，以及有彈性地匯出不同檔案的格式（如影片檔：AVI、MP4、MOV 等；圖片檔：JPG、PNG、GIF 等）。除此以外，若是使用者需長時間錄音，oCam 也能支援 4GB 以上的檔案（不來恩，2015）。

然而，就翻轉教室的教學概念而言，翻轉教室的教師只需 15 分鐘以下的影片即可，甚至是 10 分鐘以下或 5 分鐘會更適切。

由於 oCam 的下載點較不明顯，爲此，oCam 的使用介紹從下載點開始說明。下圖 6-9 爲 oCam 的軟體下載點介紹。於下載頁面中找到「oCam（Screen Recorder & Capture）v170.0（NEW!）」的字樣後，選擇①【Download Now（立刻下載）】。接著系統會將頁面連結至圖 6-8 右邊的視窗，請點選②的 exe 檔案下載。接續依照指示進行安裝。

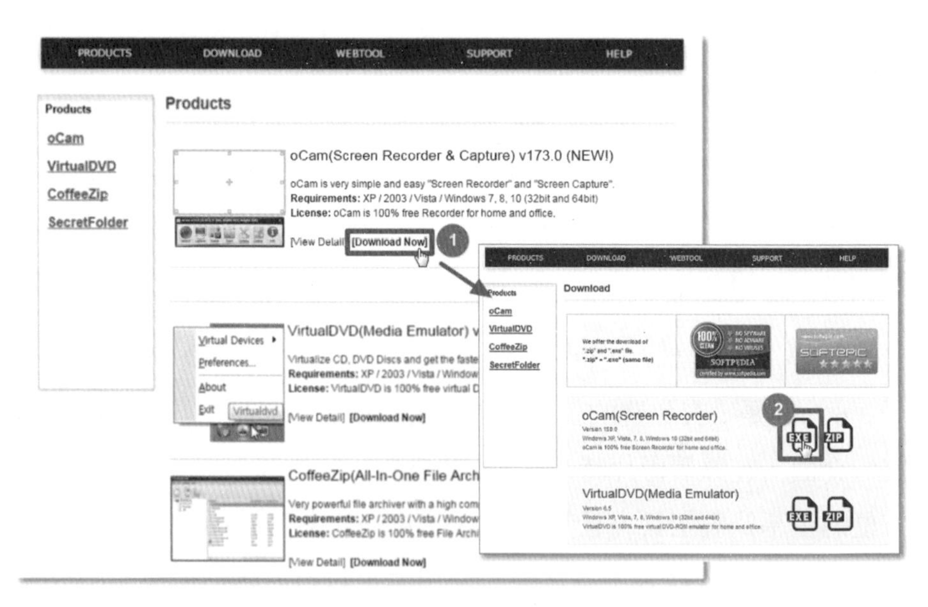


圖 6-9　oCam 下載點之介紹

待軟體下載完成後，便會出現圖 6-10 的畫面。如上述提及，oCam 是相當容易上手的錄製軟體，其主要功能鈕如下圖共七個，依序爲【錄製】、【擷取】、【重調大小】、【開啓】、【編解碼

圖 6-10　oCam 使用介面之介紹

器】、【Sound】，以及【錄製遊戲】。【錄製】即為錄製影片的開始鈕；【擷取】則為螢幕快照的按鍵鈕；【重調大小】則是重新調整錄製畫面的按鍵；【Sound】便是調整聲音的按鍵（如：同時錄製電腦與麥克風的聲音等），這些功能鈕皆不難理解。此外，在翻轉教室中，教師相對較少會使用到最後一個功能鈕錄製遊戲。不過，剩下的兩個功能按鍵：【開啓】與【編解碼器】則是稍微需要解釋的部分。

首先，【編解碼器】主要用於設定影片的格式，如 AVI、MP4 等。建議教師選擇較 MP4、AVI 等常見的存取格式。然而，若教師欲進行更進階的設定，則須到圖 6-10 左上方點選【工具】作設定。比方說，教師若希望設定影片錄製的長度，則可點選【工具】→【選項】→【時間設定】。此外，若教師欲在影片上嵌入浮水印的功能，則同樣可以在【工具】→【選項】→【浮水印】上設定。最後，所有存取的圖片以及影片檔案則會直接存至系統設定的資料夾中，使用者不需自行設定。因此，在錄製完影片或擷取圖片完成後，只需點選【開啓】來搜尋檔案即可，相當方便且好操作。使用 oCam 的教師除了不需擔心數位能力以外，也不須操心經費上的問題。

5. Jing（免費）：https://www.techsmith.com/jing.html

Jing 與先前介紹的 Camtasia 一樣都是 TechSmith 旗下的產品；差別只在於 Camtasia 主要提供螢幕錄影與編輯服務，而 Jing 則是提供免費的螢幕錄製與螢幕畫面的擷取。相較於 Windows 的免費螢幕錄製或擷取軟體，Mac 可用的資源並不多，而 Jing 則是少數提供 Mac 版的免費軟體，且操作容易。不過，Jing 在操作上仍有些限制。比方說：Jing 只提供五分鐘的錄影長度，且因爲 Jing 已不提供付費版的進階版功能，因此即便付費版的 Jing 也已不再提供錄製網路攝影機（Webcam）、上傳 Youtube，以及影片編輯的服務。TechSmith 建議若需使用付費版功能的使用者可以參考使用 Snagit，其功能差不多。然而，雖說 Jing 有上述的限制，但 Jing 其實也已具備了基本的錄製與螢幕擷取功能，且對於欲採用翻轉教室教學策略的教師來說，也已是不錯的選擇；5 分鐘的錄影限制，讓教師將課程內容縮減，並取其精華於 5 分鐘的自學內容。此外，較特別的是，Jing 提供了使用者在截圖的同時，能夠直接在截圖的畫面上進行簡單地編輯。如：加註箭頭、文字等。而這些功能都有助於欲採用翻轉教室教學策略下的教師，較輕鬆的編輯課前自學教材與發布教材。

下圖 6-11 為 Jing 的使用介面之介紹。首先，在完成 Jing 的下載後，須先註冊。在註冊成功後，即會出現一個小太陽的圖形，如圖 6-11 最左邊的畫面①；該圖形上延伸出了三個圓圈，依序是：【Capture（擷取）】、【History（歷史）】、【More（更多）】。接著，若是點選第一個圓圈【Capture（擷取）】，則會出現畫面②中的兩條主要的黃色線條；以拉選的方式來設定畫面擷取大小，完成後即會出現一個截取方框及工具列③。其工具列③依序為：【Capture image（擷取畫面）】、【Capture video（擷取影片）】、【Undo selection（取消選取）】，以及【刪除（Cancel）】。若選取【Capture image（擷取畫面）】，則會出現延伸出上方的畫面 A；而畫面 A 左上方的工具列為編輯工具，使用者可用其簡單地註記所截取的圖片；下方紅色框格的則是圖片儲存時的命名欄；命名欄下方是另一個工具列，用於【Share via Screencast.com（分享）】、【Save（儲存）】、【Copy（複製）】，以及【Cancel（刪除）】。然而，若是在畫面③方框下的工具列中，選擇第二個【Capture video（擷取影片）】，視窗便會出現畫面 B。畫面 B 下方同樣是工具列，依序是【Finish（完成）】、【Pause/Resume（暫停 / 重新開始）】、【Mute（靜音）】、【Restart（重新開始）】，以及【Cancel（刪除）】。此外，所有擷取過且儲存完成的圖片與影片皆可在畫面①中的第二個小圓圈【History（歷史）】找到；在畫面 ① 中的第三個小圓圈【More（更

圖 6-11　Jing 使用介面之介紹

多）】中，使用者可以設定更多的客製化功能。比方說，設定工具列上的按鈕細節等。整體來說，Jing 在錄製小短片與擷取並編輯圖片上，是相當不錯的工具。

6. Screencast-o-matic（免費）：http://www.screencast-o-matic.com/

有別於大部分的螢幕錄製工具，Screencast-o-matic 透過 Java 技術的應用，讓使用者在不需安裝軟體的情況下，就能在支援 Java 的電腦上，直接使用 Screencast-o-matic 的網頁來錄製電腦螢幕畫面上的內容。同時，Screencast-o-matic 也提供了使用者在錄製影片以後，以不同形式儲存或發布影片。比方說，若使用者欲將影片儲存於電腦，Screencast-o-matic 提供了 MP4、AVI 等常見的存取格式，另外也支援了 GIF 的動畫格式存取檔；若是使用者欲直接上傳影片，也有 Screencast-o-matic.com 與 Youtube 兩個選項。不過，在這要特別強調的是，將影片上傳至 Screencast-o-matic.com 或 Youtube 是有些微的差異的。Screencast-o-matic 額外提供了欲上傳至 Screencast-o-matic.com 的影片附加的註記功能，讓使用者能針對特定段落進行註解；然而，上傳至 Youtube 的影片則會在左下方出現 Screencast-o-matic 的浮水印，但並不影響影片的呈現。此外，Screencast-o-matic 在螢幕錄製上有 15 分鐘的錄影限制，若是使用者的錄影需求超過 15 分鐘，甚至是希望將影片上傳至其他的平台（Vimeo、Google Drive，或是 Dropbox），Screencast-o-matic 也提供了付費版的服務。不過，免費版的儲存形式與 15 分鐘的影片錄製，也已足夠教師們製作翻轉教室的課外自學教材了。

下圖 6-12 爲 Screencast-o-matic 的使用介面之介紹。畫面 1（即爲圖 6-12 下層的畫面）右方①爲【Start Recording（開始錄影）】之按鍵，按下錄影按鍵後會出現左方的虛線框格，接著利用虛線框格內四個白色引號狀的圖形（如：②），來拖曳欲錄製畫面大小。在選取與設定好欲錄製的範圍後，下一步則是選擇③錄影的形式；錄影形式除了可以是單純地錄製螢幕畫面【Screen（螢幕）】，或是藉由【Webcam（網路攝影機）】錄製使用者的影像以外，也可以選擇【Both（同時）】錄製螢幕畫面與使用者影像。最後按下④【Rec】的紅色按鍵即可開始錄影。完成錄影後，系統會自行跳出編輯視窗 2（即爲圖 6-12 上層的畫面），接著在畫面右下方選取【Options（選項）】中的欲儲存格式即可。

圖 6-12　Screencast-o-matic 使用介面之介紹

7. eduCanon（免費）：http://www.educanon.com/

上述六個付費與免費的工具皆可用於錄製電腦螢幕上的畫面，甚至擷取螢幕畫面。然而，eduCanon 主要的功能與上述的產品相差甚遠，並不提供螢幕錄製或畫面擷取等功能。不過，雖說如此，eduCanon 設計了編輯互動式影片，以及互動式的教學環境之功能，讓教師們能夠輕鬆利用現有資源，使影片更具教學意義，且更能引導學生參與學習。因此，若是教師手邊已有錄製好的教學影片，或是現有的可利用資源，eduCanon 會是相當方便的編輯工具。不過，若是教師手邊並沒有已錄製完成的影片，則需先將 PowerPoint 錄製成影片並上傳至網路（如：youtube），並利用 URL 方得以繼續編輯影片。

圖 6-13 是 eduCanon 的使用介面之介紹。在登入 eduCanon 之網址後，會出現圖 6-13 左邊的畫面，請點選【JOIN NOW（IT'S FREE）/（立即加入（免費）】，進入圖 6-13 右邊的畫面。接著，教師請點選【I am an instructor!（我是教師）】；學生則點選【I am a student!（我是學生）】進入其角色下的主要畫面。

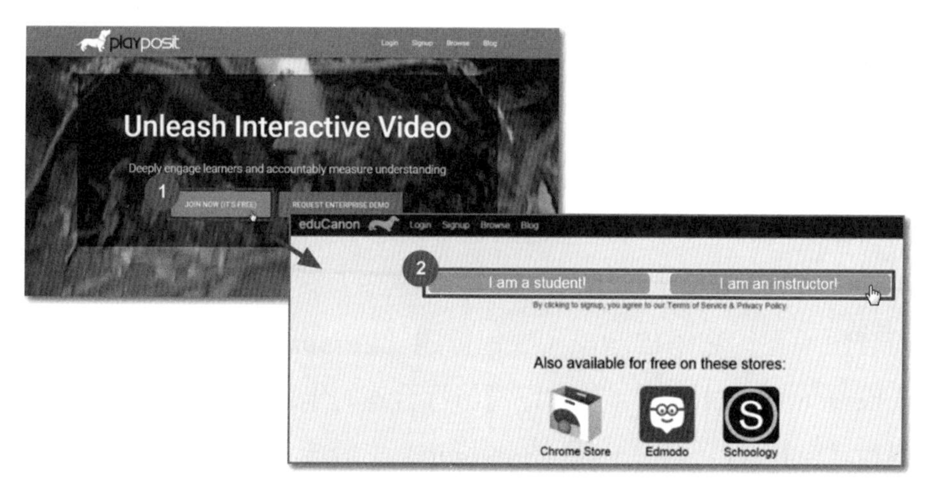


圖 6-13　eduCanon 使用介面之介紹

此外，由於 eduCanon 的主要操作語言爲英語，因此在此只介紹如何利用 eduCanon 編製課前自學的影片教材，而不詳細介紹 eduCanon 的數位平台功能。誠如上述所提及，若教師欲使用平台系統性管理學生的學習狀況，仍推薦中文介面的「誠致基金會均一平台」以及「educoco」等。不過，若教師在評估後認爲英語介面有助學生與教師的溝通，甚至學習，那麼 eduCanon 也是相當不錯的使用平台。下圖 6-14 是以教師身分登入 eduCanon 後的畫面。進入畫面

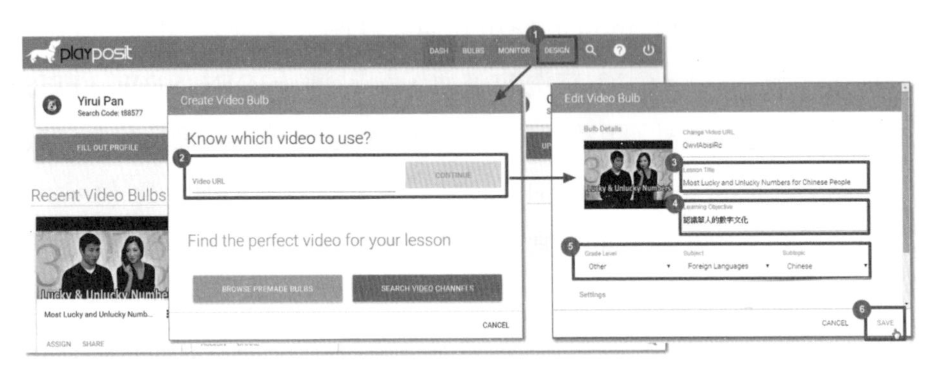


圖 6-14　eduCanon 影片細節資訊編製之介紹

①後，點選畫面右上方的【DESIGN（設計）】進入影片連結編輯，並在②輸入網址；影片網址的來源可以是 Youtube、Vimeo、TED、可汗學院，以及任何學校的連結等。接著，進入編輯影片與課程細節資訊。在③和④依序塡入課程標題（Lesson Title）與課程目標（Lesson Objective）；於⑤選擇影片合適的年級（Grade Level）、科目（Subject）、次主題（Subtopic）；最後，點選⑥【Save（儲存）】完成影片細節資訊編輯。

在完成影片細節的資訊編輯以後，便會出現下圖 6-15 之畫面；畫面 1（即爲圖 6-15 下層的畫面）左邊爲影片畫面，右邊則是欲嵌入題目的畫面。首先，教師可以評估是否需修剪影片的內容。若需修剪影片則點選①【Crop Video（修剪影片）】修剪影片之片段。不過，這裡要注意的是 eduCanon 僅提供簡單的修剪影片片段之功能，並不提供影片的編輯。接著，教師可以點選②【Add Question（增加題目）】在指定部分設定嵌入題目，適時地提醒與引導學生學習。在點選②【Add Question（增加題目）】以後，畫面會跳出③的方框，其

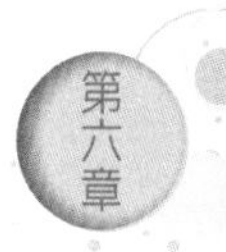



主功能爲協助教師建置題目。此外，在畫面③中，紅色方框內的題目功能鈕（如：【Multiple choice（選擇題）】、【Free response（開放式回應）】、【Reflective pause（反思暫停）】）皆不需收費，但其餘則爲付費功能。不過，這些功能也已經足夠教師善加應用於引導學生學習了。完成題目的設定以後，教師會在方框④的時間軸上看到橘色「|」的標記，該標記代表該影片中已設計的測驗題目數量。如：圖 6-15 的時間軸上出現了 4 個橘色的標記，因此表示該影片嵌入了 4 題測驗題目。此外，eduCanon 還提供了分析功能；點選【Lesson Analytics（課程分析）】便可進一步地了解課程影片的測驗題目設計分布與學生的答題狀況等。最後，點選⑥【SAVE AND CONTINUE（儲存與繼續）】或是左下方的【Finish Build（完成編輯）】分享影片連結。整體來說，eduCanon 讓教師可以更有效率的處理現有的影片。

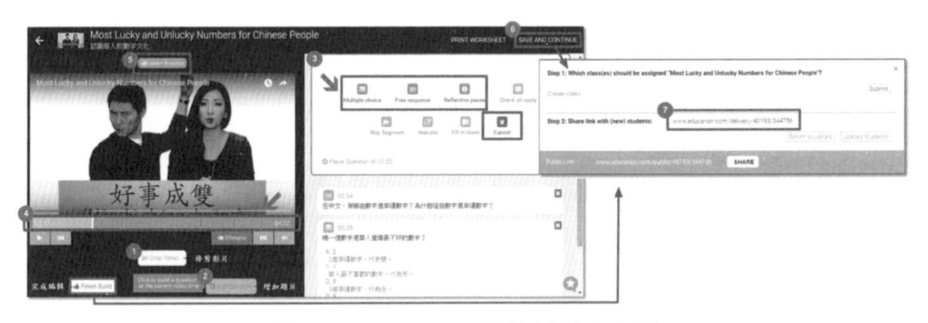


圖 6-15　eduCanon 影片編製之介紹

下表 6-2 爲 7 個付費與免費的影片錄製工具之總整理，予以需要的教師參考使用；其中，這 7 個工具各有其千秋，教師可以依照課程需求挑選合適的工具。

表 6-2
7 個付費與免費的影片錄製工具之總整理

| | Camtasia | Explain Everything | EverCam | oCam | Jing | Screencast-o-matic | eduCanon |
|---|---|---|---|---|---|---|---|
| 價格 | 299 美元 | 135 台幣 | 8500 台幣 / 免費 | 免費 | 免費 | 免費 | 免費 |
| 長度 | 無限制 | 無限制 | 無限制 | 無限制 | 5 分鐘 | 15 分鐘 | 無限制 |
| 中文介面 | X | O | O | O | X | X | X |
| APP | X | O | X | X | X | X | O |
| Mac | O | O | X | X | O | O | O |
| 同時錄製電腦和麥克風 | O | O | O | O | X | ▲ | X |
| 特色 | 具備強大的後製編輯功能。 | 支援許多檔案格式的匯入與匯出，且具備電子白板功能。 | 易上手，好操作，且目前提供免費版本申請。 | 提供自定快捷鍵，且螢幕快照後可上浮水印。 | 少數方便 Mac 使用者可以直接下載使用的螢幕錄製工具。 | 不需事先下載即可直接使用的工具。 | 方便編輯現有影片之平台。 |

註：EverCam 的價格 8,500 台幣可於兩台電腦上使用。▲：Pro 升級版本提供此功能。

最後，課外自學影片製作的工具選擇取決於教師和學生共同訂定的教育目標與經費的考量。也就是說，錄製工具的功能多寡並非錄製翻轉教室課外自學影片的重點，重要的是教師該如何運用該工具呈現影片中的重點基礎性知識內容，以引導學生更有效的學習。不過，在此要再三強調，坊間類似的錄製工具相當多，因篇幅問題無法一一詳細介紹，在此僅爲拋磚引玉，教師並非一定得採用上述所介紹的工具不可，也可以先以自己習慣的工具開始著手，而對新手教師來說，上

述所介紹的工具也已夠參考使用。

### 三、自製教學影片之技巧

除了影片錄製工具之選擇以外，影片的錄製技巧也是相當的重要。在呈現翻轉教室的課外自學影片時，首先須考慮到的是影片編製的長度（Bergmann & Sams, 2012; Cockrum, 2014）。教師所編製的 10 分鐘自學影片，對學生來說因爲是新知，所以有可能需要花更久的時間才能理解與吸收影片內容；而影片愈長，學生主動於課前完成自學的比例也會相對降低。因此，爲了不增加學生過多的負擔，教師在錄製課外自學影片時，須盡可能地將學習要點濃縮於 10 分鐘左右，不宜過長。此外，在影片中，教師也可以善加利用以學生爲影片的中心概念，將學習的概念盡可能地以學生的生活做爲起點，延伸與引導學生學習基礎層次的知識，且在每個定義或概念上皆舉 2 至 3 個例子闡明，同時亦可適時地拋出一些和影片相關的問題，讓學生作答。如此一來，除了可以提升學生學習時的專注力以外，也可讓教師藉由觀看學生的答題狀況，釐清學生的學習難點與需求，進而了解教學上需改進之處（Bergmann & Sams, 2012）。最後，教師可以在影片的結尾以樹狀圖或心製圖做總結。

此外，在影片錄製的格式上，Yeh（2014）也建議可以參考可汗學院的影片作爲基礎；以下爲翻轉教室影片錄製的原則，包括：

1. 字型：微軟正黑體與 Cambria Math。
2. 字體：20 號字以上。
3. 顏色：黑色底搭配淺色文字（圖 6-16 爲翻轉教室影片錄製格

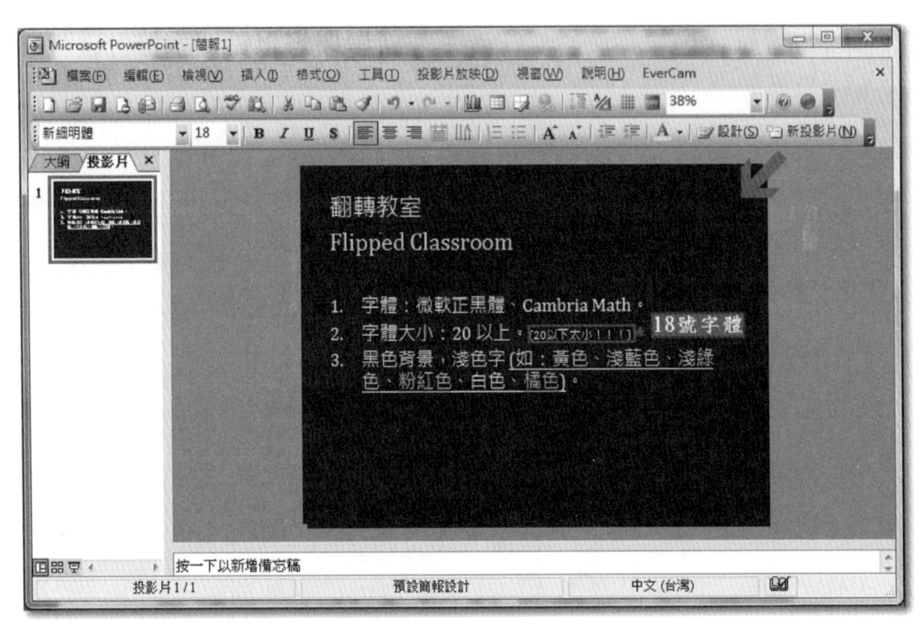


圖 6-16　翻轉教室影片錄製格式之示例

式之示例）。

4. 錄製螢幕長度：16：9。
5. 影片輸出格式：儘量高於 1,280×720（HD）。
6. 拍攝手法：儘量只留教師的聲音和學習內容的影像，而不出現教師的影像，讓學生更能專注於學習內容之上。

於影片編製完成後，教師可以再次善用數位教學平台，如：誠致教育基金會的均一教育平台（http://www.junyiacademy.org/）、educoco（http://educoco.udn.com/welcome.action）等，系統性地整理課外自學影片，以提供學生更友善的學習空間。最後，採用翻轉教室教學影片時，培養學生有效自學觀看影片之能力，也是相當重要且不容忽略的步驟（Bergmann & Sams, 2012）。誠如先前所提及，對學生來說，翻轉教室是相當新穎的教學策略，同時也是需要時間適應的。爲此，在採用翻轉教室的最初時，教師須引導學生如何有效的觀看影片，而 Bergmann 與 Sams（2012）以及 Yeh（2014）皆提及，培養學生有效的透過影片學習最好的方式便是於課程開始後的頭兩週，讓學生在課堂之中觀看影片，並同時引導學生觀看影片時記錄下問題或學習重點等筆記。

最後，翻轉教學只是教學創新模式之一，由國外引進的「翻轉教室」強調自學影片的重要，且學生於課前觀看教師提供的教學影片，吸收教學的素材內容，思考內化個人可以理解的知識。由於學生是從影片內容進行自我導向學習，影片提供的素材十分重要。因此，將注意事項整理如下：

1. 影片的長度不要太長，如果一次觀看的影片內容太多、時間太長，會影響學生課後學習時間的安排，學生觀看的意願會下降，無法達成課前學習的目標，將學習要點濃縮於 10 分鐘左右，最好讓學生能在 20-30 分鐘內看完。
2. 影片主講人最好是原任課教師，這樣學生的學習才有身臨班級實境的感覺，若是影片主講人與原任課教師不同，學生的課前學習與課中討論、思辨會形成一種分離狀態。
3. 影片的聲音、畫面必須十分清晰，小單元內容或主題內容是課本或教材的重點，是教師整理統整後的素材，是資訊提供而非資料堆疊，否則學生無法從影片中學會新教材內容或理解影片內容。

4. 爲讓學生對教材內容的應用或延伸學習有思考機會，影片的後面可增列課堂要討論的問題，或要學生應用所學內容要解決的問題，如此，學生可於學習後有時間思考。
5. 教材內容的講述不是照本宣科，或直接抄襲他校教師的教學內容，單調乏味的影片教學無法吸引學生注意，沒有考量到班級學生的學習風格，無法有效促發學生的學習動機。
6. 翻轉教室的課堂外自學教材需至少於課前三天前上傳到指定平台（或提供紙本內容），以提供學生足夠的學習時間。
7. 在課堂操作時，教師不能因少數學生課前沒有觀看影片，而於課堂中重新播放影片讓同學觀看，這樣不僅影響課程進度，也無法達成課堂討論、深究、思辨、表達的目的。

## 肆、準備自學評估表

自我評估（Self-assessment）也是學習歷程中的重要環節之一，而在以學生爲中心的教學當中也就更加重視學生對自己學習狀況的了解了。自我評估主要強調引導學生自我檢視、省思，以達到持續成長、學習的成效，而教師也可以同時透過自學評估表來進一步了解學生的學習狀況。因此，在採用翻轉教室教學策略下的教師可以善加利用自我評估表來了解：(1) 學生課外自學的成效；(2) 教師所編製的課外自學影片內容之成效，以提升教學品質（因教師主要利用自我評估表來了解教與學之成效，故以下稱之爲自學評估表）。自學評估表主要的操作時間在每次影片結束以後。爲此，教師可選擇在課堂上先發放紙本的自學評估表，或是利用 Google 表單，甚至 Camtasia 或 eduCanon 等工具來蒐集學生的自學評估表之回答。下表 6-3 爲國小

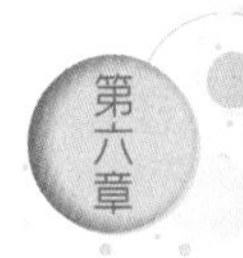


學生自學評估表之參考範例一以及表 6-4 爲國小學生自學評估表之參考範例二（修改自施玉惠、周中天、陳淑嬌、朱惠美、陳純音、葉錫南，1999）。教師可以依照學科與教學目標修改自學評估表內的重點關鍵詞。例如：表 6-3 的第一題，若爲國小健康教育學科之考題，則題目可以修改成：我了解視力保健的方法等。

表 6-3
國小學生自學評估表之參考範例一

| 姓名：________ 日期：___年___月___日 | |
|---|---|
| 說明：如果你覺得下面說的句子和自己很像，請在右邊空白中畫上一個笑臉；如果你覺得和自己不一樣，請劃上哭臉。 | |
| 1. 我聽得懂英文的「早安、午安、晚安」。 | |
| 2. 我會用英文說「早安、午安、晚安」。 | |
| 3. 我用英文說「早安、午安、晚安」的時候，別人也聽得懂。 | |
| 4. 我喜歡用英文跟家人說「早安、午安、晚安」。 | |
| 5. 我喜歡用英文跟朋友、同學說「早安、午安、晚安」。 | |

資料來源：修改自施玉惠、周中天、陳淑嬌、朱惠美、陳純音、葉錫南（1999）。九年一貫英語科教學與評量模式。教育部計畫（編號 881A153），未出版。

表 6-4
國小學生自學評估表之參考範例二

| 姓名：________ 日期：___年___月___日 | | | |
|---|---|---|---|
| 說明：請選出和你比較像的答案。 | | | |
| 1. 這次影片中教的新字，我看到它們便讀得出來。 | | | |
| 完全讀不出來 | 只讀得出一些 | 大部分都讀得出來 | 全部都讀得出來 |
| 2. 這次影片中教的新字，我聽到就可以拼寫出來。 | | | |
| 完全不會拼 | 只拼得出一些 | 大部分都拼得出來 | 全部都拼得出來 |

表 6-4
國小學生自學評估表之參考範例二（續）

| 3. 這次影片中教的新字，我看得懂它們的意思：<br><br>完全不懂　只懂一些　大部分都懂　全部都懂 |
|---|
| 4. 這次影片中教的新字，我能將它們用在英語會話或平時的練習中：<br><br>都不會　一小部分會　大部分會　全部會 |
| 5. 在這次影片教的新字中，看到字時，我比較不會念的字有：<br>______________________________ |
| 6. 在這次影片教的新字中，聽到音時，我比較不會拼寫的字有：<br>______________________________ |
| 7. 在這次影片教的新字中，我比較不懂它涵義的字有：<br>______________________________ |
| 8. 在這次影片教的新字中，說話時，我比較不會使用的字有：<br>______________________________ |

資料來源：修改自施玉惠、周中天、陳淑嬌、朱惠美、陳純音、葉錫南（1999）。九年一貫英語科教學與評量模式。教育部計畫（編號 881A153），未出版。

自學評估表依照受測者可以有不同的呈現方式，如以繪圖或圈選等方式蒐集低年級學生的回答。然而，若教授對象爲國中以上的學生，因學生已有足夠的表達能力，教師們也可參考以問答之方式來設計自學評估表，如表 6-5 國中學生自學評估表之參考範例（修改自施玉惠、周中天、陳淑嬌、朱惠美、陳純音、葉錫南，1999）。

表 6-5
國中學生自學評估表之參考範例

姓名：＿＿＿＿＿＿＿＿ 日期：＿＿年＿＿月＿＿日

說明：請針對以下各項，說明自己在這些項目的學習上的優勢與需加強的部分。請詳細描述；如：〔字彙〕我分不清楚 speak 和 say 的差別。

1. 生詞：＿＿＿＿＿＿＿＿＿＿＿＿＿＿＿＿＿＿＿＿。
2. 語法：＿＿＿＿＿＿＿＿＿＿＿＿＿＿＿＿＿＿＿＿。
3. 聽力：＿＿＿＿＿＿＿＿＿＿＿＿＿＿＿＿＿＿＿＿。
4. 口說：＿＿＿＿＿＿＿＿＿＿＿＿＿＿＿＿＿＿＿＿。
5. 閱讀：＿＿＿＿＿＿＿＿＿＿＿＿＿＿＿＿＿＿＿＿。
6. 有關課堂討論或是翻譯上的感想：

＿＿＿＿＿＿＿＿＿＿＿＿＿＿＿＿＿＿＿＿＿＿＿＿。

7 還有什麼是你想跟老師說的？

＿＿＿＿＿＿＿＿＿＿＿＿＿＿＿＿＿＿＿＿＿＿＿＿
＿＿＿＿＿＿＿＿＿＿＿＿＿＿＿＿＿＿＿＿＿＿＿＿。

資料來源：修改自施玉惠、周中天、陳淑嬌、朱惠美、陳純音、葉錫南（1999）。九年一貫英語科教學與評量模式。教育部計畫（編號 881A153），未出版。

以上表 6-3、表 6-4 和表 6-5 提供給欲採用翻轉教室教學策略的教師所使用。不過，爲了更進一步的解決學生在自學理解時有可能似懂非懂，或是對自己過於嚴苛或鬆散之問題，自學評估表除了有上述設計的方式以外，Bergmann 與 Sams（2012）也建議，可以在表中適時地加入和影片知識內容相關的問題，讓教師與學生雙方能更直接地了解學習情況。下圖 6-17 爲外語學習之自學評估表參考範例。在該自學評估表之中，第二題的主要設計是讓學生了解，在課前有哪些重點單字是學生沒學過的，同時也讓學生了解該單元的重點生詞；第三題到第五題則是設計考驗學生對於影片內的知識之理解力；第六至七題之設計是爲了讓學生自我評估自學情況，而最後一題便是教師可以簡單地了解學生看影片的情況。另外，此外語學習自學評估表主要

2015[illegible]大學中級華語_0611_WEEK11

*必填

1. 姓名 *

2. 請選你不知道的生詞 (Shēngcí, vocabulary)。(可以選很多個。) *

Please let me know the words you haven't learned yet. It's absolutely fine if you don't know any of those words below.

- 時代
- 自由
- 談戀愛
- 交友
- 管道
- 相親
- 團體
- 徵婚
- 至於
- 婚禮
- 因人而異
- 教堂
- 舉行
- 喜酒
- 紅包
- 對
- 百年好合

3. 看完這一個新聞 (Xīnwén)，你覺得這一個徵婚廣告怎麼樣？ *

4. 請用「(因為)...的關係」造句。 *

5. 請完成句子。Complete the sentence. *

6. 看完影片 (Yǐngpiàn, video) 以後，還有沒有聽不懂的？ *

如果你有聽不懂的部分，請寫下來告訴老師：)

7. 影片會不會太難？為什麼？ *

8. 你看了幾次影片？ *

提交

請勿利用 Google 表單送出密碼。

圖 6-17　外語學習之自學評估表參考範例

操作方式是讓學生看影片的同時，回答 Google 表單的自學評估表中之問題。當然，如先前所介紹，若是教師採用先前提及的 Camtasia 或是 eduCanon 等螢幕錄製工具，則可將自學評估表直接嵌入影片之中，更方便學生作答學習。

以學生爲中心的教與學需培養的是學生自我學習、自我監控學習歷程之能力。Cockrum（2014）表示，若經考量教師也可以將自我評估表安排在課堂中的一小段時間，給學生撰寫自我的學習日誌之反思，或是課堂分享，其重點在於讓學生更加投入課堂的學習。最後，誠如本書中不斷提及，翻轉教室的教學策略並沒有一個固定的操作流程，且每一個班級的狀況皆不盡相同。爲此，欲採用翻轉教室教學策略的教師可依照自己班級的需求與課程安排、規劃，選擇並修改出最適合自己學生的自學評估表之模式。

## 伍、準備同儕互評表

Topping（1998）提出，程度或年級相近的學生經由課堂活動安排，相互評量彼此間作品之質量的方式，即爲「同儕互評」。于富雲和鄭守杰（2004）表示，藉由同儕之間的相互評量，能獲得以下的優點：(1) 高層次知識的建構；(2) 學科知識理解的提升；(3) 學習動機的提升；(4) 主動學習的培養；(5) 人際互動與溝通能力之養成。有別於傳統的師生評量，同儕互評提供了學生更多思考與人際互動的空間，這些除了是翻轉教室的教學策略下欲培養學生的能力，也是教育的最終目標之一。不過，因爲是評量，所以需要有一定的規準。因此，于富雲和鄭守杰（2004）也建議，教師在設計同儕互評表時，可與班上的學生一同討論評分標準；經師生討論後的同儕互評表能使學生在作答時更加投入，也可使得整個學習歷程更加完整。

圖 6-18 是同儕互評表之示例一（修改自于富雲、鄭守杰，2004，頁 210）。該互評表運用於國小的自然學科，而其操作模式是學生在完成課堂主要知識內容的學習後，運用網路編輯自己的考題，之後再藉由同儕之間的互相評價來補足缺失（例如：同儕會針對彼此設計的題目在各方面進行評價，如題目是否出現錯字、適切性等，最後給分與提供建議），接著在經修正過後的題目教師將再次運用，作爲課堂練習。

評量表

請仔細閱讀同學設計的題目，並依照下面的評量標準評分。

*必填

一、評量

根據下面的評量標準，為同學設計的題目評分。

題目用字選擇的正確性。*

☐ 需再加油！

☐ 普通

☐ 不錯

☐ 非常好！

題目的完整度。*

- ○ 需再加油！
- ○ 普通
- ○ 不錯
- ○ 非常好

題目的適切性。*

- ○ 需再加油！
- ○ 普通
- ○ 不錯
- ○ 非常好

選項的適切性。*

- ○ 需再加油！
- ○ 普通
- ○ 不錯
- ○ 非常好

答案的正確性。*

- ○ 完全不正確
- ○ 有一些爭議
- ○ 正確

題目與出題單元的相關程度。*

- ○ 完全不相關
- ○ 有一點相關
- ○ 相關

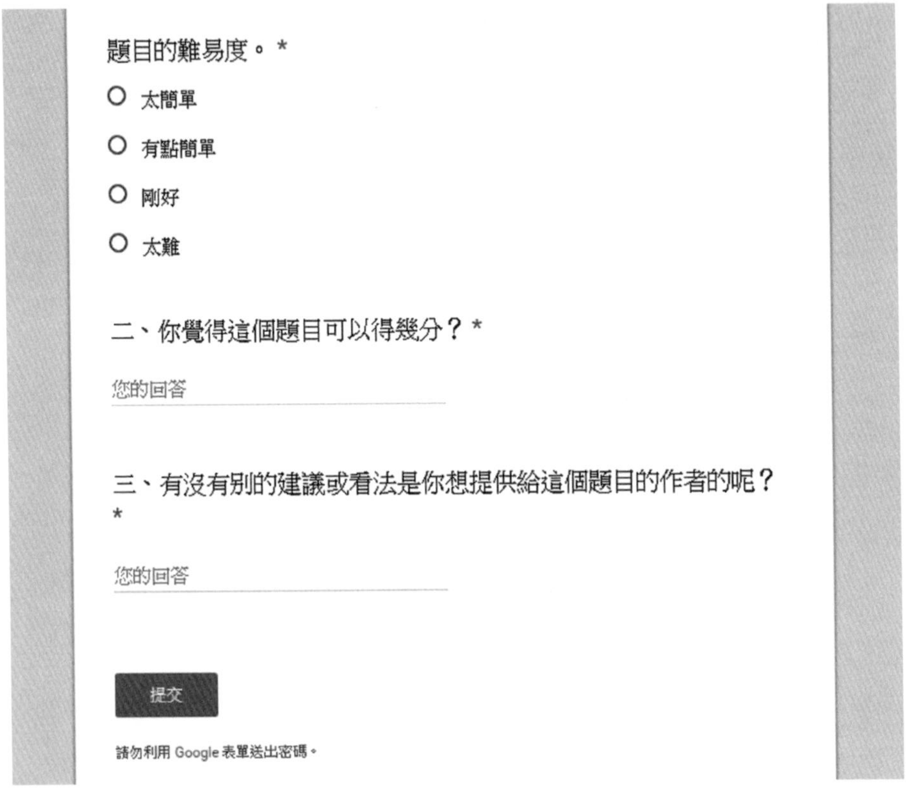

題目的難易度。*

- 太簡單
- 有點簡單
- 剛好
- 太難

二、你覺得這個題目可以得幾分？*

您的回答

三、有沒有別的建議或看法是你想提供給這個題目的作者的呢？*

您的回答

提交

請勿利用 Google 表單送出密碼。

圖 6-18　同儕互評表之示例一

資料來源：修改自于富雲、鄭守杰（2004。網路同儕互評與標準建構歷程對國小學生後設認知影響的實證性研究。國立台北師範學院學報，17(1)，210。

讓學生出題並相互評價，這樣的操作方式同樣地也在葉丙成老師的翻轉教室課堂中實施著；運用線上同儕評分系統（EPES）讓學生相互評分，互相學習，如圖 6-19 同儕互評表之示例二（葉丙成，2014，頁 177）。

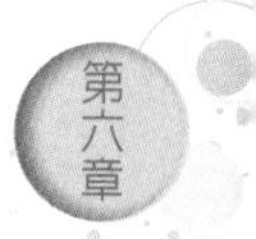


# 同儕互評表

請依據同學的表現 (包含投影片的製作、上台的口語表達等)，給予評價與評分。

*必填

1. 整份投影片製作的水準? (滿分5分) *

- O 1
- O 2
- O 3
- O 4
- O 5

2. 同學的口語表達能力? (滿分5分) *

- O 1
- O 2
- O 3
- O 4
- O 5

3. 同學口頭報告時，與聽眾的眼神交流、肢體動作的表現? (滿分5分) *

- O 1
- O 2
- O 3
- O 4
- O 5

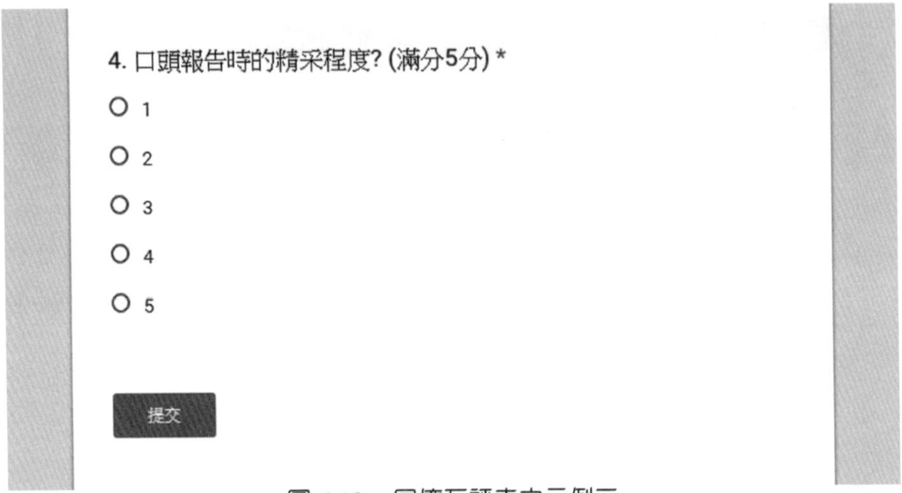

4. 口頭報告時的精采程度? (滿分5分) *

○ 1

○ 2

○ 3

○ 4

○ 5

提交

圖 6-19　同儕互評表之示例二

資料來源：修改自葉丙成（2014）。MOOC、翻轉浪潮下，重尋教師新價值，177。2015 年 10 月 28 日，引自 http://igtplus.lhu.edu.tw/assets/attached/124/original/%E7%A0%94%E7%BF%92%E8%B3%87%E6%96%991030313.pdf?1422496572

最後，同儕之間的互評可以是個人對個人，也可以是小組對小組；形式上可以是數位版本的同儕互評系統或表單，也可以是紙本的表格，教師可以依照教學環境與學習需求來選擇。不過，在操作此教學策略時，教師仍須適當地關注學生的學習狀況，必要之時介入引導。

## 陸、準備評量表

翻轉教室教學策略廣受討論的原因之一不外乎於翻轉教室的策略不僅讓教學更以學生爲中心，且更加著重於學生在學習的過程中眞正地獲得了什麼，而非單一地著重於試卷上的數字。因此，Bergmann 與 Sams（2012）以及 Cockrum（2014）皆認爲，爲了讓學生在課程告一個段落以後，能更加清楚與明白自己的學習成效、優勢與弱點等，

且同時解決先前提及的翻轉教室之公平性問題，評量表（Rurics）是翻轉教師們的得力幫手之一。評量表是結合質性與量化形式的評量規準，主要用於評量學生在特定目標內的表現與成果（國立臺灣師範大學心理與教育測驗研究發展中心，無日期）。事實上，教師們對於評量表的使用應該不陌生。舉凡國中會考到升大學學測與指考，非選擇題之評分標準大都是以評量表的方式評估學生學習成效。如下表 6-6 國中教育會考之寫作測驗評量表（國立台灣師範大學教學與發展中心，無日期），透過此表評量表，教師與學生皆能更清楚地了解學生／自己在寫作層面上的各項能力，包括：立意取材、結構組織、遣詞造句，以及錯別字、格式與標點符號之使用能力。

表 6-6　國中教育會考之寫作測驗評量表

| 級分 | 評分規準 | |
|---|---|---|
| 六級分 | 六級分的文章是優秀的，這種文章明顯具有下列特徵： | |
| | 立意取材 | 能依據題目及主旨選取適切材料，並能進一步闡述說明，以凸顯文章的主旨。 |
| | 結構組織 | 文章結構完整，脈絡分明，內容前後連貫。 |
| | 遣詞造句 | 能精確使用語詞，並有效運用各種句型使文句流暢。 |
| | 錯別字、格式與標點符號 | 幾乎沒有錯別字，及格式、標點符號運用上的錯誤。 |
| 五級分 | 五級分的文章在一般水準之上，這種文章明顯具有下列特徵： | |
| | 立意取材 | 能依據題目及主旨選取適當材料，並能闡述說明主旨。 |
| | 結構組織 | 文章結構完整，但偶有轉折不流暢之處。 |
| | 遣詞造句 | 能正確使用語詞，並運用各種句型使文句通順。 |
| | 錯別字、格式與標點符號 | 少有錯別字，及格式、標點符號運用上的錯誤，但並不影響文意的表達。 |

表 6-6　國中教育會考之寫作測驗評量表（續）

| 級分 | 評分規準 | |
|---|---|---|
| 四級分 | 四級分的文章已達一般水準，這種文章明顯具有下列特徵： | |
| | 立意取材 | 能依據題目及主旨選取材料，尚能闡述說明主旨。 |
| | 結構組織 | 文章結構大致完整，但偶有不連貫、轉折不清之處。 |
| | 遣詞造句 | 能正確使用語詞，文意表達尚稱清楚，但有時會出現冗詞贅句；句型較無變化。 |
| | 錯別字、格式與標點符號 | 有一些錯別字，及格式、標點符號運用上的錯誤，但不至於造成理解上太大的困難。 |
| 三級分 | 三級分的文章在表達上是不充分的，這種文章明顯具有下列特徵： | |
| | 立意取材 | 嘗試依據題目及主旨選取材料，但選取的材料不甚適當或發展不夠充分。 |
| | 結構組織 | 文章結構鬆散；或前後不連貫。 |
| | 遣詞造句 | 用字遣詞不太恰當，或出現錯誤；或冗詞贅句過多。 |
| | 錯別字、格式與標點符號 | 有一些錯別字，及格式、標點符號運用上的錯誤，以致造成理解上的困難。 |
| 二級分 | 二級分的文章在表達上呈現嚴重的問題，這種文章明顯具有下列特徵： | |
| | 立意取材 | 雖嘗試依據題目及主旨選取材料，但所選取的材料不足，發展有限。 |
| | 結構組織 | 文章結構不完整；或僅有單一段落，但可區分出結構。 |
| | 遣詞造句 | 遣詞造句常有錯誤。 |
| | 錯別字、格式與標點符號 | 不太能掌握格式，不太會使用標點符號，錯別字頗多。 |
| 一級分 | 一級分的文章在表達上呈現極嚴重的問題，這種文章明顯具有下列特徵： | |
| | 立意取材 | 僅解釋題目或說明；或雖提及文章主題，但材料過於簡略或無法選取相關材料加以發展。 |
| | 結構組織 | 沒有明顯的文章結構；或僅有單一段落，且不能辨認出結構。 |
| | 遣詞造句 | 用字遣詞極不恰當，頗多錯誤；或文句支離破碎，難以理解。 |
| | 錯別字、格式與標點符號 | 不能掌握格式，不會運用標點符號，錯別字極多。 |

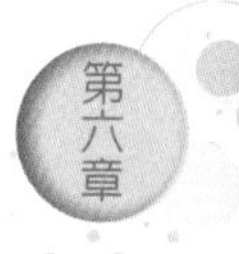




表 6-6　國中教育會考之寫作測驗評量表（續）

| 級分 | 評分規準 |
|---|---|
| 零級分 | 使用詩歌體、完全離題、只抄寫題目或說明、空白卷。 |

資料來源：國立臺灣師範大學心理與教育測驗研究發展中心（無日期）。國中教育會考：寫作測驗評分規準。2015 年 11 月 20，取自 http://www.bctest.ntnu.edu.tw/exam_3_1.html。

此外，國際性的測驗也常利用評量表來評估測驗者之一特定能力，比方說雅思（IELTS）、托福（TOEFL）英語測驗等。以下表 6-7 爲雅思英語寫作測驗評量表（修改自 IELTS，https://www.chinaielts.org/pdf/UOBDs_WritingT2.pdf）爲例。在此表格之中，應試者在測驗後可透過所獲得的分數，對照此評量表，得出自己在英語寫作能力上的優點與不足之處，也有助於往後的學習。此評估表同樣也涵蓋了評量表的基本三元素：(1) 評量項目與指標；(2) 評量等級表現；(3) 每個評量項目中之級距的內容（劉曼君，2014）。

表 6-7
雅思英語寫作測驗評量表

| 分數 | 寫作任務情形 | 連貫與銜接 | 詞彙豐富程度 | 語法多樣性與正確性 |
|---|---|---|---|---|
| 9 | ◆ 全面地完成測驗中的任務。<br>◆ 透過寫作題目，全面地提出相關且能延伸並論證之闡述。 | ◆ 銜接技巧運用自如，行文連貫。<br>◆ 熟練分段。 | ◆ 使用豐富的詞彙，且能自然地使用，並掌握複雜的詞彙；極少出現小錯誤，且該錯誤僅為筆誤。 | ◆ 完全靈活且準確地使用多樣化的語法結構；極少出現小錯誤，且該錯誤僅為筆誤。 |

表 6-7
雅思英語寫作測驗評量表（續）

| 分數 | 寫作任務情形 | 連貫與銜接 | 詞彙豐富程度 | 語法多樣性與正確性 |
|---|---|---|---|---|
| 8 | ◆ 充分地完成測驗中的任務。<br>◆ 透過寫作題目，充分地提出相關且能延伸並論證之闡述。 | ◆ 有邏輯地排列訊息與論點。<br>◆ 各種銜接技巧運用得當。<br>◆ 充分且合理地分段。 | ◆ 流暢與靈活地使用豐富的詞彙，且達意準確。<br>◆ 熟練地使用不常用詞彙，但在詞語選擇和搭配方面偶爾出現錯誤。<br>◆ 拼寫及／或構詞方面錯誤及少。 | ◆ 運用多樣化的語法結構。<br>◆ 大多數句子準確無誤。<br>◆ 只在極偶然情況下出現錯誤或使用不當。 |
| 7 | ◆ 完成測驗中的任務。<br>◆ 完成測驗的過程中始終呈現一個清晰的觀點。<br>◆ 就主要觀點論證，但有時過於以一概全及／或論點缺乏重點。 | ◆ 按邏輯地組織訊息及論點；清晰的論點貫穿全文。<br>◆ 適當地使用一系列的銜接技巧，儘管有時使用不足或過多。<br>◆ 每個段落皆有一個明確的中心主題。 | ◆ 一定程度與準確性地使用足夠的詞彙。<br>◆ 使用不常見的詞彙，對語體及搭配詞有一定的認識。<br>◆ 在選用詞、拼寫及／或構詞方面偶爾出現錯誤。 | ◆ 運用各種複雜句式。<br>◆ 多數句子正確無誤。<br>◆ 對語法和標點符號掌握不錯，但有時會出現小錯誤。 |
| 6 | ◆ 完成了測驗中的任務，但某些部分的論證可能比其他部分更充分。<br>◆ 提出了一個切題的觀點，儘管結論有時不清或重複。<br>◆ 提出了多個相關的主要論點，但某些論點可能未充分描述或不清。 | ◆ 連貫地組織訊息與論點，整體看來，行文清晰。<br>◆ 善用銜接技巧，但句內及／或句間的銜接有時有誤或過於僵化。<br>◆ 有時無法保持清晰或適切地使用指代詞。<br>◆ 使用段落寫作，但未能保持段落間的邏輯。 | ◆ 使用足夠的詞彙寫作。<br>◆ 試圖使用不常用的詞彙寫作，但有時使用的不正確。<br>◆ 在拼寫及／或構詞方面有錯誤，但不影響理解。 | ◆ 綜合使用簡單句與複雜句。<br>◆ 在語法與標點符號方面有一些錯誤，但這些錯誤很少影響理解。 |

表 6-7
雅思英語寫作測驗評量表（續）

| 分數 | 寫作任務情形 | 連貫與銜接 | 詞彙豐富程度 | 語法多樣性與正確性 |
|---|---|---|---|---|
| 5 | ◆ 僅完成部分的任務；寫作格式有時在某些地方不太恰當。<br>◆ 表達了一個觀點，但論證過程中未能保持一貫清晰的論點，且可能缺乏結論。<br>◆ 提出一些主要論點，但十分有限，且未能充分描述；有時出現不相關的細節。 | ◆ 有一定程度的組織訊息，但整體來說有時缺乏清晰的思路貫穿全文。<br>◆ 銜接技巧不足、不準確或是過度使用。<br>◆ 因指代詞和替換不足而顯行文重複。<br>◆ 沒有使用段落寫作，或者分段不足。 | ◆ 使用的詞彙有限，但能達到寫作的最低限度。<br>◆ 在拼寫及／或構詞方面可能出現明顯的錯誤，且可能會對讀者造成一定的閱讀困難。 | ◆ 僅能使用有限的語法結構。<br>◆ 試圖使用複雜句，但其準確性常不及簡單句的準確性。<br>◆ 可能常出現語法及標點符號的使用錯誤；這些錯誤會對讀者造成一定的閱讀困難。 |
| 4 | ◆ 僅最低限度地作答，或所答相關性不大；寫作格式有時不甚恰當。<br>◆ 提出了一個觀點，但不清楚。<br>◆ 提出了一些主要論點，但難以在文中確認，且這些觀點可能重複、不相關或缺乏論證支持。 | ◆ 呈現了訊息及觀點，但未能連貫地組織，且未能清楚地行文。<br>◆ 使用了一些基本的銜接技巧，但有時出現不正確或重複的使用。<br>◆ 沒有使用段落寫作，或段落使用造成疑惑。 | ◆ 只使用基本詞彙，且有時重複使用這些詞彙或使用於寫作之不當詞彙。<br>◆ 對構詞及／或拼寫掌握有限；錯誤可能會造成讀者的閱讀困難。 | ◆ 僅能使用非常有限的語法結構，只能偶爾使用附屬子句。<br>◆ 一些語法結構使用正確，但錯誤占大多數，且標點符號經常出錯。 |
| 3 | ◆ 未能完成任何一部分的寫作。<br>◆ 未能表達一個清晰的觀點。<br>◆ 提出極少的論點，且未能就其 | ◆ 不能有邏輯地組織論點。<br>◆ 所用的銜接技巧十分有限，且有時未能體現論點之間的邏輯性。 | ◆ 只使用非常有限的詞彙與表達方式，對構詞及／或拼寫的掌握也十分有限。<br>◆ 錯誤可能嚴重地 | ◆ 嘗試造句，但語法及標點符號錯誤占大多數，且意思被扭曲。 |

表 6-7
雅思英語寫作測驗評量表（續）

| 分數 | 寫作任務情形 | 連貫與銜接 | 詞彙豐富程度 | 語法多樣性與正確性 |
|---|---|---|---|---|
| 3 | 觀點深入描述或觀點不切題。 | | 影響訊息的表達。 | |
| 2 | ◆ 幾乎未能寫作。<br>◆ 未能表達一個觀點。<br>◆ 可能企圖提出一兩個觀點，但未能論證。 | ◆ 在內容組織方面之能力十分有限。 | ◆ 詞彙的使用極其有限；基本上未能掌握構詞及／或拼寫。 | ◆ 除了使用預先背誦的短語外，無法造句。 |
| 1 | ◆ 寫作內容與寫作任務完全無關。 | ◆ 未能表達任何訊息。 | ◆ 僅能單獨使用少數單詞。 | ◆ 完全無法造句。 |
| 0 | ◆ 缺考。<br>◆ 未以任何方式嘗試寫作。<br>◆ 寫作內容完全是預先背誦的內容。 | | | |

資料來源：IELTS（無日期）。雅思考試寫作評分標準（公眾版）。2015 年 12 月 28 日，修改自 https://www.chinaielts.org/pdf/UOBDs_WritingT2.pdf。

當然，學習並非僅爲了大考測驗的結果，更高的教育目標在於培養學生得以生存於社會之能力，而表達能力便是其中極重要的能力之一。Cockrum（2014）也在自己的翻轉教室中利用了評量表評估學生在使用翻轉教室教學策略後的一整個學期下來的整體語言口語發表之表現，如表 6-8 Cockrum 的口語發表之評量表。

表 6-8
Cockrum 的口語發表之評量表

| 共 100 分 | | 需改進 | | | 優勢 | |
|---|---|---|---|---|---|---|
| 整體觀感： | 0 | 2 | 4 | 6 | 8 | 10 |
| 學生是否表現得很有信心、穿著得體、面帶微笑且和每位聽眾有眼神的交流？ | | | | | | |
| 眼神接觸： | 0 | 2 | 4 | 6 | 8 | 10 |
| 學生是否和每一位聽眾都有眼神上的交流？ | | | | | | |
| | | 一直看小抄 | | | 很少需要看小抄 | |
| | | 只看著特定的聽衆 | | | 和每位聽衆都有眼神交流 | |
| | | 一直看著教室的某個角落 | | | 一直和每位聽衆眼神交流 | |
| 整體姿勢： | 0 | 2 | 4 | 6 | 8 | 10 |
| 學生是否站姿端正？ | | | | | | |
| | | 站姿歪一邊 | | | 站得很筆直 | |
| 手勢使用： | 0 | 2 | 4 | 6 | 8 | 10 |
| 學生是否能善用手勢？ | | | | | | |
| | | 雙手緊握或放在背後 | | | 非常自然的姿勢 | |
| | | 玩手指或飾品 | | | 明確的手勢 | |
| | | 手臂交叉 | | | 沒有手勢時也可以自然的放在身體雙側 | |
| 臉部表情： | 0 | 2 | 4 | 6 | 8 | 10 |
| 學生的表情是否適切？ | | | | | | |
| | | 笑 | | | 合宜的笑容 | |
| 音量控制： | 0 | 2 | 4 | 6 | 8 | 10 |
| 學生的音量是否可以讓教室內的所有人都聽見？ | | | | | | |
| | | 大聲一點 | | | 清楚可以聽見 | |
| 發音狀態： | 0 | 2 | 4 | 6 | 8 | 10 |
| 學生的發音是否清楚且正確？ | | | | | | |
| | | 發 ing 的時候少發 g 的音 | | | 尾音發得很漂亮 | |
| | | 注意尾音連在一起 | | | 清楚 | |
| | | 忍住使用 ummm 或 like 來填補空白 | | | 每個音都發得很正確 | |
| 發音表情： | 0 | 2 | 4 | 6 | 8 | 10 |
| 學生是否隨者內容調整語速、語調和音量，以及好的聲音品質？ | | | | | | |

表 6-8
Cockrum 的口語發表之評量表（續）

| 共 100 分 | | 需改進 | | | 優勢 | |
|---|---|---|---|---|---|---|
| 穩健台風： | 0 | 2 | 4 | 6 | 8 | 10 |
| 學生是否在談話、音量與肢體表現上都很有信心？ | | | | | | |
| | 停頓 | | | | | 沒有停頓 |
| | 不時玩頭髮、衣服、飾品、手指頭 | | | | | 看起來很放鬆 |
| | 緊張不停踱步 | | | | | 看起來很自在 |
| | 呼吸急促 | | | | | 呼吸自然 |
| 活力與熱情： | 0 | 2 | 4 | 6 | 8 | 10 |
| 學生是否表現出活力？ | | | | | | |
| | 活力 | | | | | 哇！ |

資料來源：翻譯自 *Flipping your English class: to reach all learners*. (p.102-103), by T. Cockrum, 2014, New York: Routledge Press.

透過上述四種不同形式的評量表可以發現，不論其型式如何，評量表皆以質性與量化的方式清楚地呈現了學習上的優缺點。現今網路資源中也有相當多的評量表模板可供參考。比方說，iRubrics（http://www.rcampus.com/indexrubric.cfm）、Recipes4success（http://recipes.tech4learning.com/index.php?v=pl&page_ac=view&type=tools&tool=rubricmaker），以及 Rubrician.com（http://www.rubrician.com/general.htm）等，皆爲免費的評量表資源；在這些網站中分別提供了不同年級與學科的評量表，以及快速建置評量表之工具，予以教師們善加運用。

最後，正因翻轉教室下的教學策略更加趨近以學生爲主體，爲此欲了解教學是否切中學生核心，評量教師的教學方法與內容也是翻轉策略下的建議步驟之一。不過，在此須強調的是，此步驟並非用於放大檢視與監督教師在課堂上的一舉一動，而是讓教師有機會更進一步聆聽學生的聲音、了解學生對此教學方式的看法。其主要的操作階段可安排至學期中或學期末的課堂內或外之時間，可依教師自身評估適切的時間。若是評量表回收的統計結果顯示，大部分的學生表示受益於此教學方式且學習動機與成效皆顯著，則表示翻轉教室之教學策略運用得當，或合適班上的學生；然而，若是大多數學生都表示無法適應此策略，教師便可進一步思考其操作的適切性與授課細節，以助日後改進。誠如先前不斷提及的，在教學理論中並沒有最完善的教學方法，只有最合適自己學生的教學策略，這些都需倚靠教師們的細心與專業判斷，而教學評量表便是協助教師了解學生的利器之一。劉曼君（2014）曾提及，日常生活所見的問卷調查表即爲評量表的概念應用；問卷調查的形式分層面地探究受試者的滿意度與看法等。附錄一爲翻轉教室學習評量表之問卷示例（潘奕叡，2015）。此評量表修改自 Davies、Dean 與 Ball（2013），以及 Enfield（2013）的「翻轉教室於大學學生之學習調查表」，其主要目的在於蒐集學生對於翻轉教室教學策略的看法，以利調整日後的課程。最後，誠如 Bergmann 與 Sams 不斷強調的：翻轉教室並沒有固定的標準化操作流程，而是需要依照教師的專業設計出最適切的翻轉教室之課程，而了解學生對課程的想法是身爲一位專業教師的任務之一。

## 第二節　課堂內之四大操作技巧

好的課堂安排能有效提升學習的專注力。在傳統的課室中，除了天生極具舞台魅力的教師可無時無刻輕鬆抓住每位學生的目光以外，大部分的教師往往需要在講台前使出渾身解數，才得以持續、不間斷地獲得學生目光的停留。然而，這並不代表教師的教學內容不夠專業，而是在未經規劃的 50 分鐘的課堂中，學生的專注力是有程度上的落差的。國立台灣大學曾調查了該校一千多名大學生課堂時間之注意力變化情形，結果發現大部分的學生的專注力於課程一開始和下課前最高，而課程中的注意力是漸漸發散的；但大部分的教師教學專注力正好和學生課堂的專注力相反，於課堂開始和下課前的專注力最低，但於課程中間的專注力最高（符碧眞，2014）。圖 6-20 爲「教」與「學」的專注力曲線：縱軸爲注意力的表現，數值愈往上方走，表示專注力愈高，反之則愈低；橫軸爲課程的時間軸，軸愈往左，表示離課程開始的時間點愈近，反之則表示愈接近下課時間（符碧眞，2014）。

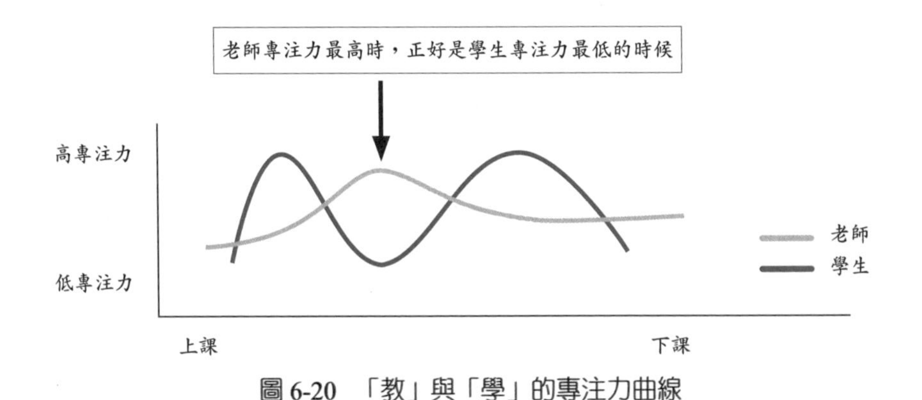


圖 6-20　「教」與「學」的專注力曲線

資料來源：修改自符碧眞（2014）。設計一堂精采的課程：善用教學曲線安排教學流程。國立台灣大學教學發展中心電子報，17。2015 年 6 月 20 日，取自 http://ctld.ntu.edu.tw/_epaper/news_detail.php?nid=183。

如此課堂專注力上的差異，老師該如何安排課堂時間，甚至是如何利用課堂活動來提升學生於課堂中的專注力則相當重要了（Magennis & Farrell, 2005）。Bergmann 與 Sams（2012）表示，翻轉教室的課堂時間安排和以往的教室課堂安排差異甚大；以 90 分鐘的課堂爲例，課堂中不再進行基礎知識的傳遞，而是將八成的時間運用在中高層次的知識練習上。相對於傳統型的課堂安排，大部分的時間著重在檢討回家作業、教授新知，剩下來可能不到三成的時間才是讓學生練習中高層次的知識。請見下表 6-9 傳統教室與翻轉教室課堂時間安排之比較。

**表 6-9**
傳統教室與翻轉教室課堂時間安排之比較

| 傳統教室 | | 翻轉教室 | |
|---|---|---|---|
| 活動 | 時間 | 活動 | 時間 |
| 暖身活動 | 5 分鐘 | 暖身活動 | 5 分鐘 |
| 講解作業 | 20 分鐘 | 問題時間：針對課外影片 | 10 分鐘 |
| 教授新課程 | 30-45 分鐘 | 引導／獨自練習 & 實驗室練習 | 75 分鐘 |
| 引導／獨自練習 & 實驗室練習 | 20-35 分鐘 | | |

資料來源：翻譯自 *Flip your classroom: reach every student in every class every day*. (p.15) by J. Bergmann, & A. Sams, 2012. Washington DC: ISTE and ASCD Press.

此外，在表 6-9 中，雖傳統教室與翻轉教室皆無列出課堂總結之時間，但 Bergmann 與 Sams（2012）以及 Cockrum（2014）皆談論到：在練習活動告一段落時，引導學生總結學習是學習過程中相當重要的一環。因此，本書將課堂總結從主要課堂活動中獨立出來，並將翻轉教室的課堂內的操作技巧歸納如下：

壹、暖身活動（5 分鐘）

貳、自學影片難點討論（10 分鐘）

參、主要課堂活動（70 分鐘）

肆、課堂總結（5 分鐘）

## 壹、暖身活動

不論是在傳統的課堂中，亦或是翻轉教室的課堂之中，課堂一開始時的暖身活動都是不可缺少的，其主要目的在於協助學生回憶、建構與釐清先前所學習的知識。Velandia（2008）梳理出暖身活動之設計準則，共八項：

1. 將其安排在課程一開始之時。
2. 須能抓住學生的注意力。
3. 能協助學生開始學習。
4. 是給學生集中精神的一段時間。
5. 須是有趣且讓人喜歡的。
6. 須有助於接下來的課堂進行。
7. 須與學習的主題相關。
8. 時間不宜過長。

Hughes（無日期）也曾提及，每日回顧（daily review）和暖身活動皆是有助於學生學習的教學策略。所謂的每日回顧是利用課堂開始前的 3 至 5 分鐘，快速地回顧上一堂課所教與所學之內容；而教師簡短講述（Short teacher presentaion）、不計分的小測驗（Short ungraded quiz），以及快速練習全面性學習指南講義上之內容（Quick update of a study guide），這三種策略活動是較常見的每日回顧之操作建議。前兩項操作不難理解，而最後一項操作之舉例如下：教師可事前整理全面性的學習指南（如：一學期的學習單元與主題），每日課程開始之初，請學生寫下上堂課的重點。如此的操作不但可以讓學生有意識地檢視自己的學習過程，也可爲往後的測驗作準備（Hughes／無日期）。然而，不論是上述哪一種操作方式，其核心重點皆在於快速複習重點，或是難點。

另外，Hughes（無日期）認爲，暖身活動則是得以給予學生準備進入接續課程的銜接設計，其操作時間也大約是 3 至 5 分鐘。Hughes（無日期）同樣也提供了三種暖身活動的建議：每日練習單（Daily practice sheet）、每日問題（Question of the day）與日記寫作（Journal writing）。這裡的每日練習單之操作和上述的不計分小測驗相似，皆爲紙上的題目練習。每日問題則是在課堂每日回顧後，引導學生思考當日的主要問題。Cockrum（2014）在自己的翻轉英語語法教室中便常使用此策略作爲課堂暖身活動，並讓整堂課之學習內容皆圍繞著這個問題主軸。最後，日記寫作是提供學生靜下心並獨力練習的好機會，因此 Hughes 建議國小教師可多加運用此策略作爲課堂之暖身。

不過，由於每日回顧與暖身活動之界線並不清楚，且有重疊之處。爲此，本書將每日回顧一併歸納進暖身活動之中，並將其操作活動之建議統整如下：

1. 教師簡短講述。
2. 每日練習單。
3. 全面性學習指南講義。
4. 每日問題。

5. 日記寫作。

翻轉教師可以依照自己的課程設計與安排，選擇或替換合適的課堂暖身之活動，時間約 5 分鐘左右即可。

## 貳、自學影片難點討論

在運用翻轉教室教學策略時，教師須切記：在翻轉教室教學策略中欲培養的是學生自主學習，以及深究、思辨、表達之能力，因此不可因為少數課前無觀看自學教材的學生，而再次於課堂中騰出時間讓學生觀看，影響課程安排。不過，在課堂之中，安排時間討論自學時的難點與困境是必須的，以協助學生再次釐清自學時的難點。此外，教師課前也可藉由先前介紹的自學評估表事先了解學生的學習情況；若是多數學生在特定題目與重點上的答錯率極高，則教師可在此階段重新協助學生釐清概念。不過，仍須再次強調的是，安排時間討論與釐清課外自學時的難點，而非重新觀看或閱讀同一份課外自學教材，此階段的操作時間大約是 10 分鐘左右。教師可以簡單地講述，或是列舉範例引導學生思考、整理出自己的重點；也可以是提供機會給學生合作，討論自學影片中的難點，相互切磋，最後和班上同學分享小組的問題與總結。

## 參、主要課堂活動

CNKI 網站中提及，藉由將特定的課程內容結合活動（包含遊戲、角色扮演、辯論等），並引導學生參與該活動，以達到最終的學習目標，該學習活動之形式即為課堂活動。作為一位採用翻轉教室教學策略的教師緊接著須思考的便是：該如何安排這 70 分鐘（以 90 分鐘為例的課程）的中高階知識練習活動。吳青蓉等（2005）表示，布魯姆教育目標除了可應用在評量的設計以外，也可應用於課堂活動的安排。於翻轉教室的相關理論中，新修訂的布魯姆教育目標強調的是漸增複雜性階層，在引導學生學習時，亦可採用漸增式的練習。舉例來說，於自學時記憶性的知識理解在影片中練習；中高階的知識留於課堂中練習。也就是說，於課堂開始之後，教師先是運用暖身活動將學生的專注力集中，以及討論（或釐清）自學時之難點，接著可善加利用該理論中的「了解」這個次目標作為一開始課堂的引導策略；引導學生詮釋、舉例、分類、摘要、推論、比較與解釋回家所自學的知識，接著再進行更高階層次的知識練習。因此，雖說翻轉教室教學活動之設計核心是以學生為中心進行，但於課堂活動的安排上，仍可從相較以教師為中心的活動，進而過渡至以學生為中心的學習活動；課堂活動由淺至深，漸進式的練習建構知識。

所謂「以教師為中心」的課堂活動之概念即是大部分的活動時間由教師掌控，或由教師介入學習活動中引導學習，如：角色扮演、壁報式報告等（Garrett & Shortall, 2002）。然而，「以學生為中心」的課堂活動強調的則是讓學生有意識主動學習，而教師相對少、甚至不介入活動之中，如：小組討論、反思日記等（Garrett & Shortall, 2002）。以學生為中心的課堂活動更加重視同儕之間的合作關係，以及強調「問題解決」（Problem-solving）與「問題探究」（Inquiring-based）（吳明隆，2013）。Gagne、Wager、Golas 與 Keller（2004）針對同儕合作時的人數給了些許的建議；他們認為，採用同儕學習的課堂活動時，要考慮小組內的人數；雖說大型的分組活動「平均」下來的學習成效的數據是成長的，但組內每位學生的學習成效則較難確定，所以分組時以 3-4 人爲一組的學習活動較佳。下表 6-10 爲「以教師爲中心」與「以學生爲中心」之課堂活動比較（翻譯自 O'Neill 與 McMahon, 2005，頁 31）。不過，在此要提醒的是，雖然 O'Neill 與 McMahon（2015）將課堂活動大致分成以教師爲中心和與學生爲中心兩大類別，但 O'Neill 與 McMahon（2015）也強調，課堂活動本身並非絕對的二分法，而是在兩者比較之下更趨近於以教師或學生爲中心。

表 6-10
「以教師為中心」與「以學生為中心」之課堂活動比較

| 以教師為中心 | 以學生為中心 |
| --- | --- |
| 嗡嗡討論法<br>（兩人簡短討論） | 獨立計畫撰寫 |
| 滾雪球法<br>（接續嗡嗡討論法，擴大組別人數） | 小組討論 |
| | 同儕學習<br>（同儕師徒制） |
| 輪替法<br>（讓每位學生表達意見） | 辯論 |
| 測驗 | 戶外教學 |
| 利用課堂 3/4 時間寫學習反思 | 實踐活動 |
| 學生課堂報告 | 學習反思日記 |
| 角色扮演 | 電腦輔助學習 |
| 壁報式報告 | 自選學習或計畫內容 |
| 心智圖的呈現 | 寫一份新聞類的文章 |
| | 建置自己的學習歷程檔案 |

資料來源：翻譯自 Student-centred learning: What does it mean for students and lecturers? By G. O' Neill, & T. McMahon, 2005. *Emerging Issues in the Practice of University Learning and Teaching*, *1*, 31.

如先前提及，欲採用翻轉教室策略的教師在安排課堂活動時須避免過於強調「快樂」學習。雖說翻轉教室教學策略能有助於提升學生的學習興趣，但其策略應是藉由有意義的學習來激發學生的學習興趣。也就是說，課堂活動之選擇仍須依照教師所設計的教育目標所訂定；若僅是爲了安排有趣的活動，而任意擇一上述活動，且不思考挑選之理由，這絕非翻轉教室教學策略之建議。此外，引導學生參予課堂活動時，教師須注意引導話語之間的使用，切忌過於抽象的提問，特別是在中高層次的問題引導上更須避免（羅志仲，2014）。如：「有什麼感想」、「你們怎麼看這件事情」等，如此的問題往往會造成學生不知該如何回答。Brown（2001；引自靳洪剛，2004）將教師提問技巧結合 Bloom 的教育目標，依照不同層次整理出教師提問的示例。如下：

1. 記憶：誰、什麼、哪一個等。
2. 了解：在觀看（或閱讀）完課外自學教材以後，你們對 X 有什麼認識？用你的話來談談 X、請舉例、解釋 X 的意思。
3. 應用：剛才我們談了 X，如果換一種情況，你覺得會發生什麼樣的結果。
4. 分析：XYZ 有什麼相同和不同的地方、你怎麼區別 XYZ、你覺得 X 的問題是由什麼所引起的。
5. 評鑑：你對這件事情有什麼解決的辦法、如果你在這個情況下，你會怎麼做。
6. 創作：請你來評論一下 X、就你所知的，你認爲 X 會有什麼樣的評論。

也就是說，教師提問的內容愈清楚，愈有助於引導學生漸進式地思考到問題的核心。另外，教師在活動設計時，也能適時地運用這些提問策略來引導學生漸進式的學習。最後，正如先前強調的，「翻轉教室」教學策略有不同的操作建議，不論是傳統型（第一階段）亦或是精熟型（第二階段）的翻轉教室教學策略，教師都應該妥善運用上述的課堂設計的建議來規劃與準備課室的學習活動，特別是精熟型（第二階段）的翻轉課堂。若教師欲採用精熟型（第二階段）的翻轉，教師應於課前先規劃好一系列的自學影片（或任何學習教材）與課堂練習活動，讓學生能以自己的步調學習。詳細的翻轉教室操作實例請見後面章節。

## 肆、課堂總結

課堂總結與課堂之初的暖身活動有著同等的重要性，而其最終目的在於協助學生利用課堂結束前的 5 分鐘更進一步了解自己的學習情況，並再次複習、回憶課程的重點。Douglas（無日期）認爲，在教學現場中，最常見的課堂總結方式不外乎是以下三種：(1) 提醒下堂課的作業與考試；(2) 快速完結目前講述的內容，因課堂鐘聲已響；(3) 最後詢問「有沒有問題」，但通常不會有學生回應。然而，如此總結課程是否能達到上述提及的「協助學生再次複習重點與了解自己的學習情況」便有待商榷。正因翻轉教室教學策略強調的是引導學生自主學習與深層學習。爲此，Douglas 表示，教師除了自行講述當日之學習重點以外，還可適時地加入一些活動以協助達成總結課程之目的；而這些活動可歸納成四大類，予以教師們使用：(1) 獨立寫作（Individual writing）；(2) 獨立思考（Individual thinking）；(3) 團體寫作（Group writing）；(4) 團體談話（Group speaking）。

每項類別有不同的操作活動。就獨立寫作之活動而言，教師可在課程最後的時間，讓學生寫或畫下他或她認爲該課程中所學之重點中的重點，或是寫下自己在下次課堂中想要更專注了解的部分。在獨立思考之活動操作上，Douglas 建議，教師可以請學生思考十個該堂課所學的訊息，或是請學生思考有沒有哪些任務是學生認爲如果可以再練習一次，自己會有不同的操作的，以及會如何重新操作。小組繪製心智圖，以及小組完成索引卡（Index cards）上內容的撰寫等，皆是總結活動中團體寫作的舉例。此外，每位學生根據課堂內容設定問題，並依該問題詢問自己的同儕，以及回答同儕之問題則是最後一類別——團體談話之操作示例。最後，不論教師欲選用何種操作策略來總結課程，切記總結課程的重點在於引導學生思考、總結對自己有意義的訊息，而非教師單方面的統整訊息、總結課程。

## 參考文獻

于富雲、鄭守杰（2004）。網路同儕互評與標準建構歷程對國小學生後設認知影響的實證性研究。國立台北師範學院學報，17(1)，197-226。

不來恩（2015）。oCam v130.0 免費螢幕錄影、抓圖工具（繁體中文版）。2015 年 11 月 20 日，取自 https://briian.com/10229/ocam.html。

王俊仁（2015 年 6 月）。翻轉教室在中高級語言點教學上的應用。陳雅芬（主持人），華語文教學，台灣師範大學華語文教學系暨研究所成立 20 週年暨國際學術研討會，台灣師範大學。

吳明隆（2013）。班級經營：理論與實務（三版）。台北市：五南。

吳青蓉、傅瓊儀、林世華（2005）。語文學習領域英語科分段能力指標解讀與實務應用之探討。新竹教育大學學報，21，111-140。

施玉惠、周中天、陳淑嬌、朱惠美、陳純音、葉錫南（1999）。九年一貫英語科教學與評量模式。教育部計畫（編號 881A153），未出版。

國立臺灣師範大學心理與教育測驗研究發展中心（無日期）。國中教育會考：寫作測驗評分規準。2015 年 11 月 20 日，取自 http://www.bctest.ntnu.edu.tw/exam_3_1.html。

張輝誠（2015）。翻轉教學新浪潮─學思達教學法介紹。國家文官學院 T&D 飛訊，207，1-20。

符碧眞（2014）。設計一堂精采的課程：善用教學曲線安排教學流程。國立台灣大學教學發展中心電子報，17。2015 年 6 月 20 日，取自 http://ctld.ntu.edu.tw/_epaper/news_detail.php?nid=183。

葉丙成（2014）。MOOC、翻轉浪潮下，重尋教師新價値。2015 年 10 月 28 日，引自 http://igtplus.lhu.edu.tw/assets/attached/124/original/%E7%A0%94%E7%BF%92%E8%B3%87%E6%96%991030313.pdf?1422496572

靳洪剛（2014）。課堂互動與教師提問技巧。Journal of the Chinese Language Teachers Association，39(3)，85-110。

劉怡甫（2013a）。從翻轉課堂擅場看現代培訓發展之因應。國家文官學院 T&D 飛訊，201，1-33。

劉怡甫（2013b）。翻轉課堂─落實學生爲中心與提升就業力的教改良方。評鑑雙月刊，41。31-34。

劉曼君（2014）。學生學習成果之評量及評分量表 Rubrics 之使用。評鑑雙月刊，48，54-56。

潘奕叡（2015）。翻轉教室於華語文教學之研究。國立高雄師範大學華語文教學研究所碩士班學位論文。115，1-115。

學習無國界（2012）。應用程式介紹：EXPLAIN EVERYTHING。2015 年 12 月 24 日，引自：http://chinese.classroom-aid.com/2012/10/explain-everything.html/。

Yeh Benson (2014)。均一教育平台影片錄製原則。2014 年 12 月 30 日，取自 https://docs.google.com/file/d/0Bz2uCgxFNK1KNEktNzduQTFrWU0/edit?pli=1

Bergmann, J., & Sams, A. (2012). *Flip your classroom: reach every student in every class every day*. Washington DC: ISTE and ASCD.

Cockrum, T. (2014). *Flipping your English class: to reach all learners*. New York: Routledge.

Davies, R., Dean, D., & Ball, N. (2013). Flipped the classroom and instructional technology interation in a college-level information systems spreadsheet course. *Educational Technology Research and Development,* 61(4), 563-580.

Douglas, C., (n.d.). Wrap-up activities for training professionals. Retrieved March 12, 2015, from http://www.leadstrat.com/articles/wrap-up-activities-for-training-professionals/.

Enfield, J. (2013). Looking at the impact of the flipped classroom model of instruction on undergraduate multimedia students at CSUN. *TechTrends*, 57(6), 14-27.

Gagne, M., Wager, W., Golas, C., & Keller, M. (2004). Principles of Instructional Design (5th ed.). Retrieved January 02, 2015, from http://onlinelibrary.wiley.com/doi/10.1002/pfi.4140440211/abstract.

Garrett, P., & Shortall, T. (2002). Learners' evaluations of teacher-fronted and student-centred classroom activities. *Language Teaching Research*, 6(1), 25-57.

Hughes, D., (n.d.). Instructional Strategies: Daily Review & Warm-up. Retrieved January 02, 2015, from http://study.com/academy/lesson/instructional-strategies-daily-review-warm-up.html

Magennis, S., & Farrell, A. (2005). Teaching and learning activities: Expanding the repertoire to support student learning. *Emerging Issues in the Practice of University Learning and Teaching*, 1, 45-54.

O' Neill, G., & McMahon, T. (2005). Student-centred learning: What does it mean for students and lecturers? *Emerging Issues in the Practice of University Learning and Teaching*, 1, 27-36.

Topping, K. (1998). Peer Assessment between Students in Colleges and Universities. *Review of Educational Research*, 68(3), 249-276.

Velandia, R. (2008). The role of warming up activities in adolescent students' involvement during the English class. *Profile Issues in TeachersProfessional Development*, (10), 9-26.

第七章

# 如何開始你的學思達教室？

廣義來說，翻轉教室與翻轉學習皆強調培養學生自主學習的能力，以及加深學生學習之層次。不過，屬於翻轉學習之應用的「學思達」在操作層面上卻與翻轉教室不盡相同：翻轉教室著重學生於課外先自學基礎性的知識，並將其知識於課堂上延伸與應用；而翻轉學習中的學思達（以下稱學思達）則是將所有的學習活動皆安排至課堂之中，在課堂上藉由教師事前編製的講義，引導學生自學、思考與表達。然而，其中相近的是，在課堂外不論是翻轉教室或是學思達的教師皆須準備自學（補充）教材。翻轉教室的教材大都是短片，且學生須於課堂外自學完成；而學思達的教材則是教師自製講義，但有別於翻轉教室，學思達的講義僅於課堂上使用，課堂外，學生並不需要自學講義教材，圖 7-1 為常見的學思達教學流程。

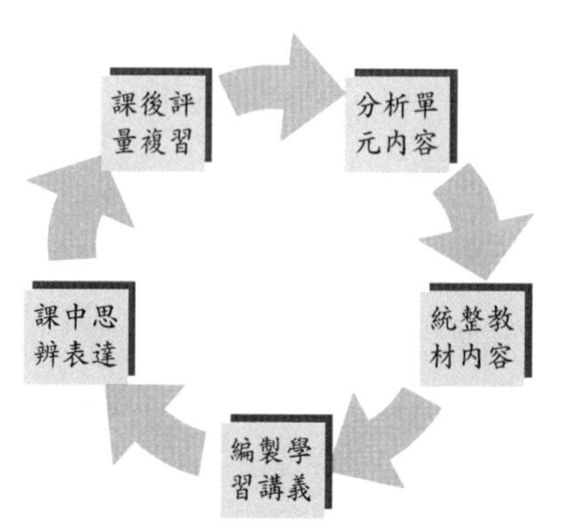


圖 7-1　常見的學思達教學流程圖

不過，雖然學思達並不提供學生課外自學教材且學生不需課前自習，但教師仍須做足準備。表 7-1 為在學思達教學策略中的教師與學生在課堂內外的操作建議細項，以張輝誠老師的學思達安排為例。此外，在表 7-1 中，因無牽涉到設備議題，因此並沒有安排家長或學校

表 7-1
學思達教學策略中的教師與學生在課堂內外的操作建議細項

| | 教師 | 學生 |
| --- | --- | --- |
| 課外<br>(課前與課後) | □ 規劃教學內容。<br>□ 編製講義。<br>□ 準備自學評估表。<br>□ 準備同儕互評表<br>□ 準備評量表。 | |
| 課內<br>(課中) | □ 引導自學、思考。<br>□ 引導討論。<br>□ 老師補充。<br>□ 課堂總結。 | □ 閱讀教材。<br>□ 討論。<br>□ 複習。<br>□ 填寫自學評估表。<br>□ 填寫同儕互評表。<br>□ 填寫評量表。 |

註：有關自學評估表、同儕互評表與評量表之填寫時間，教師可自行安排，於課堂內完成或課後完成皆可。

的任務。但是，這並非意指家長與學校機關在學思達策略的運用上不重要，教師仍須注意在課前先與家長和學校機關充分地溝通。接下來將針對教師在學思達的課堂外與內之操作建議細項分述之。

# 第一節　課堂外之五大操作技巧

同樣地，本書也將學思達的課堂外操作建議簡化並歸類成五個步驟，以供欲更深入了解的教師所使用；步驟如下：

壹、規劃教學內容

貳、編製講義

叁、準備自學評估表

肆、準備同儕互評表

伍、準備評量表

然而，由於「肆、準備同儕互評表」與「伍、準備評量表」的設計概念和先前翻轉教室所介紹的概念相近，因此教師僅需參考先前所介紹的概念，並依照當下授課班級的學生和課堂活動安排進行些微調整即可，不另闢段落介紹。

## 壹、規劃教學內容

在學思達的教學規劃中，雖然與翻轉教室教學策略同樣將目標知識分層級，但學思達並不分場合傳遞；不論是基礎性的知識，亦或是中高階層次的知識內容皆安排在課堂中讓學生自學，教師藉由講義與提問的方式從旁引導。不過，學思達更強調的是將中高階層次的知識內容與學生的生活（甚至生命）作結合，讓學生認爲學習是有意義的，進而主動學習（張輝誠，2013）。因此，在規劃學思達之教學內容時，除了須參考課程綱要，找出該科目之核心概念，並將知識分層級以外，也可適時地加入與學生相關的知識，甚至是可永續應用、可帶著走的知識。

## 貳、編製講義

學思達講義存在的目的是補充課本不足之處，且講義品質的優劣是影響學思達成敗的關鍵因素之一，其中「問題導向」、「由淺入深」、「提供足夠的資訊」，以及「將課本內容與生活作連結」便是講義製作時的四大要點（張輝誠，2013）。此外，承上述提及，製作翻轉教室教學影片之時，雖說影片設計之內容將直接影響學習成效，但影片錄製技巧（如：影片錄製之格式等）也是促成學習之重要因素之一。由此可知，學思達之講義的「排版」也是教師在編製講義時不容忽視的要點之一。爲此，接下來將編製講義重點歸納成兩大要素：講義內容與講義形式。

一、講義內容

正如上述提及，學思達講義之內容編製強調的是，藉由提供足夠的文章訊息，以問題爲導向，由淺入深地引導學生自學與思考，並適時地將內容與生活作連結。就講義的問題設計而言，教師可善加利用本書先前所提及的提問技巧，將提問技巧結合布魯姆的教育目標，由淺入深地引導學生依照自己的進度學習、思考。同樣地，因問題是引導學生獨立自學與思考時的重要關鍵，所以切記設計的問題要明確，勿過於抽象。此外，張輝誠（2015）建議，學思達的講義問題之設計須有憑有據；根據教師所提供的文章內容來設計講義中的問題，而其內容可以是課文、補充資料等，不過仍建議教師從課文開始，由淺入深、循序漸進地安排學習內容。然而，教師須注意的是其學習內容須分割成段，以方便學生自學時能在短時間裡完成閱讀，也有助於接著討論時聚焦重點。另外，在設計講義時，適時地將講義之學習內容與生活作連結、相互呼應，這也是學思達教學策略成功的原因之一。詳細的學思達講義範例可搜尋「學思達網站——flipping-chinese（https://flipping-chinese.wikispaces.com/home）」，該網站中提供了國高中小學科的講義示例，予以教師們參考使用。

當然，若是教師欲編製這樣一份適切且客製化的學思達講義，需花費的時間與心力必定不少。因此，在講義內容之編製上，本書仍建議如同翻轉教室之教學影片製作一般，先善加利用現有的網路資源，參考並彙整現有資料，以便規劃及編製教學內容。舉例來說，如先前所提及的學思達網站——flipping-chinese，甚至 Facebook 的社團——學思達教學社團，這都是欲編製學思達講義的教師不可缺少的手邊資源。在該網站與社群之中，不分時間與區域地結合了眾多教師的智慧，資深學思達教師們不僅將自己的教學過程公開，且也有不少教師無私地分享了自己製作的學思達講義。因此，對欲實行學思達的教師來說，不論是參考同個科目教師的講義編製之模式或內容，亦或是運用該教師所分享的一部分講義，皆能有助於講義的編製與其品質。此外，張輝誠（2015）亦曾提及，各大書商所提供的資源（如：CD 等）也是相當不錯的可用資源；教師可將其資源之內容重新剪貼編製與整理，如此一來可省下部分打字與排版之時間，並將更多的時間安排至思考欲如何引導學生探索知識。最後，編製學思達講義的重點在於藉由講義引導學生學習，切記勿讓學思達之講義內容過於制式，流於測驗卷之模式，而抹煞了學生的學習興趣。

## 二、講義形式

圖 7-2 爲高中國文科學思達講義之排版形式示例（底圖的講義修改自 flipping-chinese 網站中，張輝誠老師所提供的「學思達教學法講義製作示例」，頁 3-4）：

1. 將問題與閱讀資料清楚地分隔開。

2. 直接加註解於欲註記之內容後。

3. 運用字型、大小與粗體區分重點。

4. 以橫式列印，以方便學生閱讀。

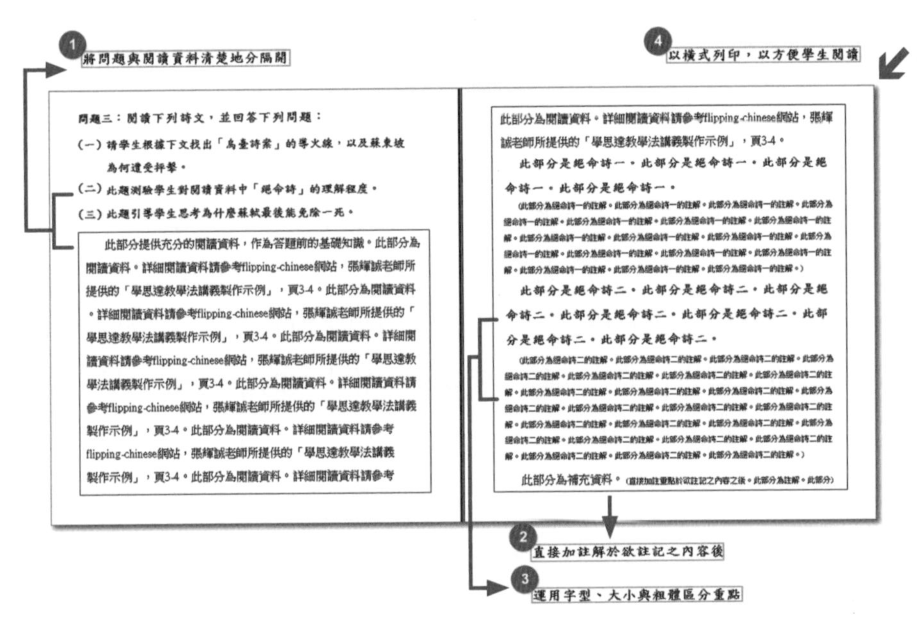


圖 7-2　高中國文科學思達講義之排版形式示例

註：本圖中的底圖講義修改自 flipping-chinese 網站，張輝誠老師所提供的「學思達教學法講義製作示例」，頁 3-4。取自 https://drive.google.com/file/d/0B0CiDc-A6fLiSGQ3Nkk1d3E2WlpMcXJlY1lnaDI0MWIxZjBr/edit?pref=2&pli=1。

圖 7-3 高中數學科的學思達講義排版示例（底圖的講義修改自 flipping-chinese 網站中，李昌澤老師所提供的「01- 數與數線 (1)_ 中山女高李昌澤老師」，頁 1-2）。由此可見，雖不同學科因學習重點與方式都不盡相同，但其排版之形式皆大同小異：講求排版一目了然，方便學生閱讀、自學。因此，建議教師在編製學思達講義之初，

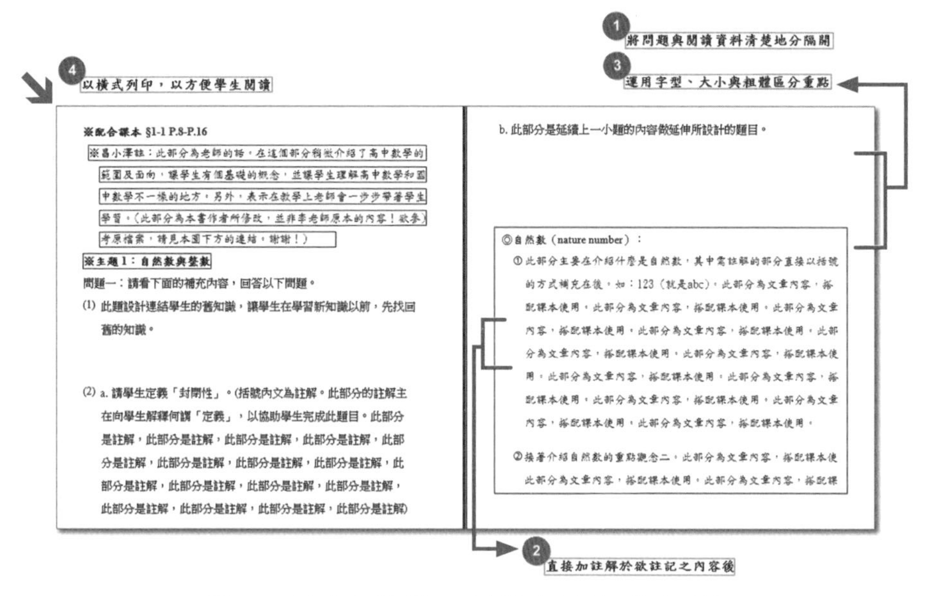


※配合課本 §1-1 P.8-P.16

※昌小澤註：此部分為老師的話，在這個部分稍微介紹了高中數學的範圍及面向，讓學生有個基礎的概念，並讓學生理解高中數學和國中數學不一樣的地方，另外，表示在教學上老師會一步步帶著學生學習。(此部分為本書作者所修改，並非李老師原本的內容！欲參考原檔案，請見本圖下方的連結，謝謝！)

※主題1：自然數與整數

問題一：請看下面的補充內容，回答以下問題。

(1) 此題設計連結學生的舊知識，讓學生在學習新知識以前，先找回舊的知識。

(2) a. 請學生定義「封閉性」。(括號內文為註解。此部分的註解主在向學生解釋何謂「定義」，以協助學生完成此題目。此部分是註解，此部分是註解，此部分是註解，此部分是註解，此部分是註解，此部分是註解，此部分是註解，此部分是註解，此部分是註解，此部分是註解，此部分是註解，此部分是註解，此部分是註解，此部分是註解，此部分是註解，此部分是註解)

b. 此部分是延續上一小題的內容做延伸所設計的題目。

◎自然數（nature number）：

①此部分主要在介紹什麼是自然數，其中需註解的部分直接以括號的方式補充在後。如：123（就是abc）。此部分為文章內容，搭配課本使用。此部分為文章內容，搭配課本使用。此部分為文章內容，搭配課本使用。此部分為文章內容，搭配課本使用。此部分為文章內容，搭配課本使用。此部分為文章內容，搭配課本使用。此部分為文章內容，搭配課本使用。此部分為文章內容，搭配課本使用。此部分為文章內容，搭配課本使用。此部分為文章內容，搭配課本使用。此部分為文章內容，搭配課本使用。

②接著介紹自然數的重點觀念二。此部分為文章內容，搭配課本使此部分為文章內容，搭配課本使用。此部分為文章內容，搭配課

圖 7-3　高中數學科學思達講義之排版形式示例

註：本圖中的底圖講義修改自 flipping-chinese 網站，李昌澤老師所提供的「01- 數與數線 (1)_ 中山女高李昌澤老師」，頁 1-2。取自 https://drive.google.com/file/d/0B0CiDc-A6fLiZVVnZkEyQ015dUU/view?pref=2&pli=1。

不論是在講義的內容或是形式上，皆可先參考上述的講義編製建議，進而在未來發展出屬於教師自己的講義風格。

## 參、準備自學評估表

在翻轉教室中，自學評估表可善加運用於課堂內或課前的自學後。然而，因學思達之教學理念不盡相同，並不安排課前的自學活動，只將其自學評估表用於課堂之內或課堂後。然而，不論自學評估表最終應用於何處，其主要目的都是藉由安排學生填寫自學評估表，讓學生了解該單元甚至是最終的學習目標，並提供機會讓學生檢視自

己的學習過程與成果。教師也可藉此進一步地了解學生本身對於該單元（或學期）之學習看法與評價。在自學評估表的設計上，教師們可以參考先前所介紹的自學評估表設計要點。

然而，除了可參考先前介紹的自學評估表以外，因在學思達教學策略中主要強調引導學生思辨、討論，甚至合作學習之能力，所以教師也可以善加應用表 7-2 課堂綜合能力自學評估表（修改自任慶儀，2001），作爲學生學習成效的紀錄之一。下表 7-2 涵蓋了學思達的相關要素，如：回應問題、討論表達等。

表 7-2
課堂綜合能力自學評估表

| 綜合能力 | 滿意<br>4-5 分 | | 尚可<br>2-3 分 | | 待改進<br>0-1 分 | |
|---|---|---|---|---|---|---|
| 回應問題 | 針對講義中的問題皆能全面性地描述。 | | 有些問題需別人協助，但最終得出了自己的想法。 | | 不想回應問題。 | |
| 討論表達 | 小組討論時，常常舉手發言。 | | 小組討論時，偶爾舉手並發言。 | | 不喜歡或幾乎不舉手發言。 | |
| 尊重差異 | 有自己的想法，且尊重別人表達意見的權力。 | | 別人發表意見時，偶爾打斷別人的發表。 | | 不給予或幾乎不讓別人有說話的機會。 | |
| 注意聆聽 | 別組同學發表時，停下討論，專心聆聽。 | | 別組同學發表時，停下討論。 | | 沒停下同組的討論，且心不在焉。 | |
| 幫助他人 | 同學遇到不了解的地方，常常主動幫忙。 | | 偶爾會主動幫助他人。 | | 不曾或幾乎不主動幫助他人。 | |
| 得分 | | | | | | |

資料來源：修改自任慶儀（2001）。多元評量的設計。國教輔導，40(5)。

# 第二節　課堂內之四大操作技巧

如先前所述，學思達的教學策略將自學部分安排於課堂中，並安排於自學後接著討論與表達。如此緊湊的學習步調是需事前安排，才得以使課堂節奏行雲流水。張輝誠老師（葉丙成，2014）在學思達示範教學的課堂時間中，規劃了 20% 的時間讓學生閱讀課文、自學，而 60% 的時間讓學生討論，最後剩下 20% 的時間用於教師的延伸補充。因此，同樣以 90 分鐘的學思達教室爲例，大約有 15 分鐘的自學時間、55 分鐘的討論時間，以及 15 分鐘的教師延伸補充時間和 5 分鐘的課程總結時間，如下表 7-3 爲學思達的課堂時間之安排。雖說在示範教學的課堂時間安排中並無獨立規劃出課程總結時間，但總結課程的重要性於先前已介紹過，爲此在表 7-3 的課堂時間是安排將其獨立出來。

表 7-3
為學思達的課堂時間之安排

| 學思達 | |
|---|---|
| 活動 | 時間 |
| 自學、思考<br>（例：閱讀課文或教師編製之講義） | 15 分鐘 |
| 討論 | 55 分鐘 |
| 教師延伸補充 | 15 分鐘 |
| 課堂總結 | 5 分鐘 |

註：自學時間與討論時間不一定非得一次完成，也可分成數個小段落進行。舉例來說，學生可以先用 5 至 10 分鐘的時間閱讀第一份學習資料，且在閱讀後進行討論，接著在進行第二份的學習資料。教師可以依照課堂所需進行必要的調整。

然而，因爲先前介紹過「（張輝誠老師的）基礎型」以及「（林健豐老師的）衍生型」學思達，而兩者間的課堂操作差異不大，爲此本章一併介紹，並將學思達的課堂操作策略歸納如下：

壹、引導學生自學與思考

貳、引導學生討論

參、教師延伸補充

肆、課堂總結

其中，由操作「肆、課堂總結」之技巧已於上一章介紹，因此教師們可以參考上一章節之介紹。

## 壹、引導學生自學與思考

有別於翻轉教室的課程安排，基礎型的學思達課堂之初並不需特意設計課堂暖身活動；其主因是，課程之初安排的閱讀課文或是閱讀教師編製之講義本身即是相當不錯的暖身活動，而小分量的閱讀可以讓學生浮躁的心靜下來，爲後續的課程做好準備。然而，在操作時需注意的是，每一次的自學材料之內容與閱讀之時間安排皆不宜過長。張輝誠（2014）建議每次不要超過 20 分鐘能閱讀的分量。不過，就閱讀長度而言，教師仍須隨著學生的年齡差異進行調整。舉例來說，20 分鐘左右的閱讀量適合高中以上程度的學生，但若是國中以下的學生，因專注力相對較短，教師得斟酌減少閱讀量。此外，不論學生程度，在閱讀前教師須提供問題，讓學生能帶著問題閱讀與思考。

相較於基礎型的學思達課堂，在林健豐老師的衍生型學思達課程中，學生的自學與思考皆安排在教師的重點講述之後。舉例來說，林健豐（2014）的學思達英語課堂中，教師在課堂一開始時快速地講述了數個重要的英文單字。接著，給學生一段時間自學並記憶與了解所學單字。程度較弱的 C 組學生之自學目標是記憶該單字（如：讀音）；程度中等的 B 組學生之自學目標同樣是記憶單字，但加深其難度（如：拼字）；程度較高的 A 組學生之自學目標則是了解所學單字（如：造句）。同樣的，經自學過後，學生接著思考教師所提出的問題，並試圖回答。

## 貳、引導學生討論

不論是基礎型或是衍生型的學思達在課堂引導討論時，皆須注意教師必須退居幕後引導角色，作爲課堂上的主持人，僅在適切的時機介入引導、輔助學習。比方說，學生在討論時偏離主題，或是不夠熱烈參與討論，教師須及時介入將討論聚焦，畢竟課堂上的每一分鐘都是相當寶貴的。然而，「要如何引導學生積極地參與課堂討論呢？」這往往是欲採用學思達教學策略的教師想了解的問題之一。在 flipping-chinese 網站的文章——「如何促進學生分組時積極融入討論」中提到，想讓學生更主動參與討論的方法不外乎：讚美／鼓勵、處罰與計分。

張輝誠（2014）建議，在課堂討論中，學生答對問題的答案，甚至突破自己時，教師務必及時給予讚美和鼓勵。成就感是促使學生積極學習的極大誘因之一。教師的稱讚，特別是在全班上同學面前給予的稱讚，正是多數學生更主動、積極參與課堂討論的因素之一。當然，有賞也會有罰。在一開始使用學思達教學策略之初，教師或許會面臨少部分學生並不投入於課堂討論，甚至作亂的情況。此時，處罰也是必要的。不過，這裡的處罰並非打手心、跑操場等體罰，而是正色指正。吳勇宏老師（引自 flipping-chinese 網站的「如何促進學生分組時積極融入討論」，頁 2）提供了以下的方式供教師們參考：

「……儘量先鼓勵與多指導，也遇到依座位分組後，剛好都是班上成績倒數三名的同學一組，討論都在發呆，這時就主動引導如何找尋重點，觸發思考，慢慢就會討論了。我有時會不抽籤，若不討論或討論不認眞，我就直接請他上台，答不出來，除正色指正外，再向全班同學洗腦一次，而成績差的同學引導他找出答案後，我就直接請他上台，說出答案，我就大加鼓勵與接受同學掌聲，讓他有成就感。所以我覺得整節課老師要不斷移動，觀看學生討論情況，可以協助解決討論中所遇到的問題，也可以讓學生不敢做其他事。」

最後，計分依舊是促進學生分組討論時積極投入的方法之一。計分可以是回答問題後的小組加分，也可以善加運用先前所介紹的同儕互評表，讓同儕評斷分數。就小組加分而言，一旦將小組成績納入考核，形成了「一榮俱榮，一損俱損」的局面後，小組內的每位學生便會卯足全力地參與討論，因爲誰也不想成了毀了小組成績的罪魁禍首。此外，由於小組成員間榮辱與共，因此在課堂上不難看見小組成員間也會相互合作、一同解決問題的畫面。另外，利用同儕互評表也是引導學生主動參與討論的方法之一。同儕互評表除了可以協助教師計分以外，也同時能夠讓學生再次練習重點知識、訓練更高階層次的知識技能。當然，當獲得不錯的成績時是一種鼓勵，若成績過差也可能是處罰。當學生跳脫了以往的角色，晉升成掌握評分權力的角色後，爲了希望別人也能認眞的評價自己組別的作品，自己往往更加謹愼與投入課堂。爲此可發現，恩威並用和分數是促進學生積極參與學思達課堂討論的方法。

## 參、教師延伸補充

在學思達課堂中，教師的工作是主持課堂，讓討論順利進行。但是，課堂討論結束後就下課了嗎？事實上，好的學思達操作策略並不會再討論過後直接結束課程。張輝誠老師在示範課程中，預留了討論後的十分鐘做爲教師的延伸補充時間。一整堂課下來學生們討論了數個問題，即便學生皆已理解每個問題背後的意義和知識，但數個未經統整的知識猶如散沙，容易在下課後就隨風散去。此外，林健豐老師也在示範課程中，於課程結束前，教師補充延伸知識，並提供學生再次統整所學知識的機會。因此，在課堂討論後，教師需稍作統整、延伸補充與討論相關的知識，並協助學生釐清在討論中的錯誤和盲點。

## 參考文獻

林健豐（2014）。分組合作學習公開觀課——林健豐 20141202-(1)。2014 年 4 月 12 日，取自 https://www.youtube.com/watch?v=DiSd0xVo1_o。

任慶儀（2001）。多元評量的設計。國教輔導，40(5)，49-56。

張輝誠（2013）。學思達翻轉教學法——我的十五年教學生涯之後的全新改革。2015 年 2 月 20，取自 https://drive.google.com/file/d/0B0CiDc-A6fLiYjcwaFdz

S3ZpOWh0aXhHUEN3RnllU0Q4bnFn/edit。

張輝誠（2014）。2014 翻轉教室工作坊：學思達教學法（1-5）/ 張輝誠老師。公益平台文化基金會。2014 年 4 月 12 日，取自 https://www.youtube.com/watch?v=a6XzxlabWVo。

張輝誠（2015）。翻轉教學新浪潮—學思達教學法介紹。國家文官學院 T&D 飛訊，207，1-20。

葉丙成（2014）。MOOC、翻轉浪潮下，重尋教師新價值。2015 年 10 月 28 日，引自 http://www.slideshare.net/B94401026/20140127-30522459

Bergmann, J., & Sams, A. (2012). *Flip your classroom: reach every student in every class every day*. Washington DC: ISTE and ASCD.

Cockrum, T. (2014). *Flipping your English class: to reach all learners*. New York: Routledge.

# 第八章

# 翻轉教室之實際案例

爲了能夠更全面地剖析翻轉教室的實際操作，本章節以華語文教學爲實際案例，從教師該如何蒐集相關可用資源（如：線上開放式資源等）著手，並接著介紹相關的課堂規劃與操作等。

# 第一節　華語文翻轉教室之可用線上資源

如先前本書中提及，不論是新手教師或資深教師在規劃翻轉教室的課堂外自學教材時，可善加運用現有資源設計教材，如開放式課程、磨課師等，或者也可同時參考翻轉教室 @ 台灣、flipping-chinese 等平台上的資源。然而，相對於國英數等科目，華語文教學的可用線上資源較不容易於翻轉教室相關平台中獲得，且教學素材因須考量讀者爲外語學習者更需教師掌握教材的語言難度。爲此，本小節著重介紹華語文教學中的可用線上學習資源。然而，由於網路資料繁多且重複性高，因此，表 8-1 僅列出由官方單位或專家學者所建構的平台資源。

表 8-1
華語文可用線上資源

| |
|---|
| 1. BBC 中文網 http://www.bbc.com/zhongwen/trad<br>此網站分門別類地提供了國際、兩岸、英國、評論、科技、財經等新聞閱讀材料，其中也有部分新聞同時提供影音素材，這些皆可作為真實的華語文閱讀與聽力資源之一。 |
| 2. 中國漢語網 http://center.ecnu.edu.cn/<br>此網站提供了華語文學習者相當豐富的資源，如：漢語課堂、網絡廣播、電子雜誌、中國文化、娛樂世界等。除了學習者以外，教師也可善加利用這些資源作為教學素材。 |

表 8-1 華語文可用線上資源（續）

| |
|---|
| 3. 中國華文教育網 http://www.hwjyw.com/<br>此網站提供了華語相關教材的下載、漢字溯源、成語典故等，同時也提供了華語教師討論教學相關的論壇，是個綜合性的華語文教學資源平台。 |
| 4. 全球華文網 http://www.huayuworld.org/<br>此網站與上述的「中國華文教育網」相似，提供不同程度的華語讀本、電子書、遊戲練習，以及教師部落格等資源，是海內外教師的教學資料庫之一。 |
| 5. 全球華語文數位教與學資源中心 http://elearning.ling.sinica.edu.tw/introduction.html<br>藉由輸入詞，可查詢該詞的使用方式與詞頻，同時也可搜尋到與該詞語相關的閱讀文本。該讀本內容可依照需求調整難易度，教師可善加運用作為閱讀素材。 |
| 6. 多媒体情景對話 http://www.ctcfl.ox.ac.uk/mrpc/<br>此網站提供了許多真實的場景影片與練習活動，以協助學生提升口語能力。此外，該網站也提供了詳細步驟引導學生練習口語。 |
| 7. 成語動物園 http://chineseidiom.ed.hkedcity.net/<br>此網站提供了成語的相關動畫、閱讀資料、遊戲等。不過該網站中僅提供以下的成語資源：虎假虎威、畫蛇添足、井底之蛙、守株待兔、鷸蚌相爭。此外，閱讀資料程度較合適僑生或中高級程度的學習者。 |
| 8. 香港大學中文教育研究中心中文教育網 http://www.chineseedu.hku.hk/ChineseTeachingMethod/learnword/index.htm<br>此網站提供了華語教師漢字教學的方法（如：教授漢字與詞彙時的練習活動），讓教師在課堂活動設計時能有所參考。此網站也可連結至「現龍系列中文字詞學習系統」。 |
| 9. 現龍系列中文字詞學習系統 http://www.dragonwise.hku.hk/dragon2/<br>此網站主要提供與漢字、詞彙相關的資源，如：筆順練習、部件砌字練習、文字由來動畫等。教師可善加運用此資源於漢字或詞彙教學。 |
| 10. 普樂網 https://www.ilc.cuhk.edu.hk/Chinese/plw/level.html<br>此網站內容主要規劃給香港的學習者使用，因此網站以發音和口說練習為主，其中又分成初級和中級。而教材的主題環繞著學生的生活而設計。 |
| 11. 華語處處通 http://www.chinesewaytogo.org/teachers_corner/<br>此網站主要定位在海外僑教，因此該網站中的資源如文化歷史故事等教材內容較合適僑生，或是高程度的華語學習者。此外該網站也提供了一些點子活動予以課堂教學使用。 |

表 8-1 華語文可用線上資源（續）

| |
|---|
| 12. 愛現華語，華語教學網路資源 http://sharechinese.tcsl.ntnu.edu.tw/Chinese/index.html<br>此網站蒐集現有華語教學線上資源並將其資源分門別類（如：綜合能力、拼音練習、聽力練習等），也是教師教學時可善加運用的教學資料庫之一。 |
| 13. 慢速中文 http://www.slow-chinese.com<br>此網站以文化為主題，介紹與華語相關的文化與社會現象，每次的主題皆提供文字閱讀和影音，其內容為母語人士談話的紀錄，而影音版的內容為了更適用於華語學習者，其語音速度為每秒 2-3 個字。是相當不錯的語言學習教材。 |
| 14. 繁簡自通 http://www.language.berkeley.edu/fanjian/start.html<br>此網站藉由部件（部首）的方式協助學生認識繁體字和簡體字間的差別，快速習得簡繁體字型的轉換，同時提供遊戲的練習活動。 |
| 15. 羅格斯多媒體中文教學系統 http://chinese.rutgers.edu/content_cs.htm<br>此網站主要提供了基礎、初級、中級、高級的課程，每個等級中的對話或短文皆提供了錄音檔、課文、詞彙與句型的閱讀資料。 |
| 16. Basic Chinese Grammar http://www.rci.rutgers.edu/~rsimmon/chingram/<br>此網站以條列的形式呈現初級的華語語法點，其中主要解說語言為英文。因網站內容規劃以條列式呈現，方便擷取參考使用，是教師編輯教材時可善加運用的資源之一。 |
| 17. Chinese Characters - University of Southern California http://www.usc.edu/dept/ealc/chinese/character/<br>此網站提供了一系列的漢字課程教學，由簡入深地介紹漢字，同時提供簡體繁體字的漢字教學。此外，在該網站中也同時提供了漢字表供教師或學生下載使用。 |
| 18. Chinese Program \| SDSU 聖地亞哥州立大學中文部 http://chin.sdsu.edu/<br>此網站提供了華語初級與中級的綜合課程（聽、說、讀、寫）。其中，該網站同時提供了學期課程大綱與每一堂課程的簡報、學習單等資源，予以需要的教師與學生參照使用。 |
| 19. Chinese Pronunciation Guide http://sites.fas.harvard.edu/~pinyin/<br>此網站提供了華語的語音練習指導教材與一系列的聲調、拼音等練習活動，協助學生有效地練習聲調和拼音。 |
| 20. Chinese-East Asian Languages and Cultures at UC Davis https://ealc.ucdavis.edu/chinese/resources<br>此網站與「愛現華語，華語教學網路資源」相似，蒐集現有華語學習資源，其中包括：綜合課程線上教材、拼音與漢字等資源。 |

表 8-1　華語文可用線上資源（續）

21. Conversational Mandarin Chinese Online http://web.csulb.edu/~txie/ccol/content.htm

此網站提供學習華語口語練習資源，主要教材程度為基礎級，以對話形式呈現，共 15 個單元。每個單元皆包括對話、句子結構與對話練習活動。

22. Coursera：

Coursera 是 MOOCs（Massive Open Online Courses，台灣翻譯：磨課師）的平台之一。每門課皆提供課程大綱、學習資源（如：教學影片、講義等）、課後練習等，同時也提供學生互相討論的空間。就華語學習而言，目前有以下的學習資源可供師生們使用：

➢ 中文入門（https://www.coursera.org/learn/learn-chinese）：由北京大學提供。

➢ 漢字（https://zh-tw.coursera.org/course/chinesecharacters）：由北京大學提供。

23. edX：

edX 也是 MOOCs 的平台之一。與 Coursera 一樣，edX 中的每一門課程皆提供課程大綱、學習資源、課後練習與討論空間等。在 edX 中，目前華語學習有以下的資源：

➢ 中級商務漢語—入職與營銷篇 Intermediate Business Chinese - Recruitment and Marketing（https://www.edx.org/course/zhong-ji-shang-wu-yi-yu-ru-zhi-yu-ying-pekingx-20000002x）：由北京大學提供。

➢ 中級漢語語法 | Intermediate Chinese Grammar（https://www.edx.org/course/zhong-ji-yi-yu-yu-fa-intermediate-pekingx-20000001x-0#!）：由北京大學提供。

➢ Basic Mandarin Chinese - Level 1（https://www.edx.org/course/basic-mandarin-chinese-level-1-mandarinx-mx101x-0）：由 MandarinX 提供。

➢ Basic Mandarin Chinese - Level 2（https://www.edx.org/course/basic-mandarin-chinese-level-2-mandarinx-mx102x）：由 MandarinX 提供。

➢ Learning Mandarin Chinese: Start Talking with 1.3 Billion People.（https://www.edx.org/course/learn-mandarin-chinese-start-talking-1-3-tsinghuax-tm01x#!）：由清華大學提供。

24. Integrated Chinese First Year - the Berkeley Language Center http://www.language.berkeley.edu/ic/

此網站整理了中文聽說讀寫教材的複習與練習活動，共 23 課。每一課的複習活動皆提供課文、錄音檔、生詞和語法；練習活動則提供了生詞、句子與段落的練習。

25. Integrated Chinese Web Resourses http://eall.hawaii.edu/yao/icusers/icweb.htm

此網站整理了中文聽說讀寫教材所需的資源，如：上課所需的簡報資源、單字卡、語法講義等，供教師與學生參考使用。

註：此網站介紹以筆劃和字母排列。

欲使用翻轉教室教學策略的華語教師可透過表 8-1 所介紹的華語文線上資源，進一步規劃與設計自己課堂所需的資源。舉例來說，若教師已有固定的使用教材（如：中文聽說讀寫），教師便可直接搜尋「Integrated Chinese First Year - the Berkeley Language Center」、「Integrated Chinese Web Resourses」，查看其中是否有合適的素材可作爲課前自學之材料；或者，依照主題搜尋資源（如：中文聽說讀寫 I 屬於初級程度，可搜尋「Conversational Mandarin Chinese Online」或「Basic Chinese Grammar」等）。然而，若是教師尚未決定教學教材，在了解學生需求後，也可參考表 8-1 中部分已規劃且提供完整教材的資源。表 8-1 的眾多線上資源可讓教師在準備翻轉教室課外自學教材與課堂活動時能有所參考。於找到合適的教學素材後，在非商業用途、不違反著作權的情況下，教師可選擇將該教學材料直接使用於課堂中或參考並修改該教學素材。然而，該如何挑選教材編輯工具以及影片錄製技巧已於前面章節詳盡介紹，教師可再次參閱先前的章節，輔以完成翻轉教室課堂外自學影片的製作。

## 第二節　翻轉教室於華語文中高級語法課之操作

相對於其他的語言學科，翻轉教室於華語文教學的實際案例並不多。以下介紹美國在台協會華語學校王俊仁老師的華語文中高級語法課程的操作爲案例，以語法點「寧可……也」爲課程重點（此案例之操作整理自台灣師範大學華語文教學系暨研究所成立 20 週年暨國際學術研究討論會中，王俊仁老師的工作坊）。王俊仁老師已實行翻轉教室教學策略於華語文教學中有一年多的時間，其部分學生背景爲成年華語學習者且大部分學生是利用工作（或家庭）之餘學習華語。在使用翻轉教室教學策略以前，學生學習語法的成效不高且常混淆部分相近語法；然而，在使用此翻轉教室教學策略後，大部分學生的學習意願提升且學習成效也隨之進步，更有學生向老師表示，這樣的學習方式可以讓他在工作或照顧孩子之餘，重複複習語法點，輕鬆、快樂地學習。

正如眾多的翻轉教室操作建議一般，王俊仁老師安排學生於課堂外自學教師所製之語法點影片，並於課堂中進行語法點的練習活動。單堂課外影片的自製流程如下：(1) 找出學習重點與目標；(2) 選擇錄製工具。就找出學習重點與目標來說，在王俊仁老師的示範教學中提及，「寧可……也」的語法教學強調「絕不做某事」或「非做某事不可」的態度和立場，因此在影片教學中應以此重點貫穿影片。爲此，在王俊仁老師的翻轉教室課外自學影片中，王俊仁老師在最初簡單地打招呼以後便可直接進入教學重點「寧可……也」，並呈現「寧可……也」的兩個主要學習重點（「絕不做某事」或「非做某事不可」）。接著，王俊仁老師針對這兩個重點依序舉例示範用法：首先呈現 4 張圖，並詢問學生吃不吃臭豆腐，1-10 分（1 分是敢吃，10 分是絕對不吃）吃臭豆腐的程度有幾分；接著繼續詢問學生吃不吃蟲子，1-10 分吃蟲子的程度有幾分；之後王俊仁老師自問自答的方式回答，不太愛吃臭豆腐，所以給它 4 分，但眞的不吃蟲子，所以給它

10 分，繼續引導學生和臭豆腐比起來，他絕對不要吃蟲子，進而引導出「我寧可吃臭豆腐也不要吃蟲子」的句型。緊接著，老師以對話方式呈現另一個和「絕不做某事」的「寧可……也」的簡短對話。於第一個學習目標結束後，以相同的方式進行第二個學習重點的教學。在兩個「寧可……也」的學習重點皆講解完畢以後，在影片中給學生兩個和「寧可……也」語法有關的練習，並要求學生寫下答案，下次上課時討論。最後，王俊仁老師總結並再次強調「寧可……也」的兩個重點。此外，王俊仁老師於此範例中選擇的是 oCam 作爲錄製教學影片的工具（詳細的 oCam 使用請見前面章節）。

在王俊仁老師的華語文課堂中，每堂課程 50 分鐘，大致的課堂規劃包括課堂練習與任務活動，主要以小組合作的方式進行，每小組 2 位學生左右。課程在簡單的暖身活動以後便直接進入課堂練習，其練習活動涵蓋了 3 個子練習，以對話的方式呈現且僅提供主要的對話架構，細節需由學生自由討論填寫。不過，在練習活動中，老師在練習活動中另外加入了一個「寧可……也」的新概念，但教師並沒有事先介紹。在小組討論以後，老師詢問各小組的答案，並一同討論小組答案的適切性。接下來進行任務活動。就任務一而言，角色扮演的情境是「X 給 Y 錢，讓 Y 做壞事」，學生們要按照此情境，運用「寧可……也」進行角色扮演。學生相互討論如何在劇本中加入「寧可……也」的語法，並和其他組別分享。最後，任務活動二則是讓學生使用「寧可……也」的語法進行辯論，題目爲「賺錢最重要，還是保護環境最重要？」和前幾個練習一樣，教學者在各小組間走動，並適時加入討論，且於活動最後作總結。如下表 8-2 爲「翻轉教室在中高級語法點『寧可……也』的應用」示例。

表 8-2
翻轉教室在中高級語法點「寧可……也」的應用

| 課前影片 | 課堂中討論 | 任務活動 | 教學目標 |
| --- | --- | --- | --- |
| 1. 重點一：絕對不做 sth<br>我不太愛吃：XY<br>我非常不喜歡吃：Z<br>教師藉由提問：「真的不吃 Z？」引導「寧可……也」的句型。 | 1. 討論一：絕對不做 sth<br>甲：這報告真難。<br>乙：你可以______。<br>甲：不，我寧可______，也不要______。 | 1. 活動一：角色扮演<br>X 給 Y 錢，讓 Y 做壞事。<br>（請用「寧可……也」role play。） | 學會使用「寧可……也……」來強調立場、態度<br>1. 絕對不做 sth。<br>2. sth 非做不可。 |
| 2. 重點二：<br>sth 非做不可<br>非做不可的：Z<br>但得想一想：XY<br>教師藉由提問：「真的會做 Z？」引導「寧可……也」的句型。 | 2. 討論二：sth 非做不可<br>甲：我愛______，所以今天晚上的音樂會我一定要去。<br>乙：可是______。<br>甲：我寧可______，也______。 | 2. 任務二：辯論<br>Q：賺錢最重要，還是保護環境最重要？<br>（請用「寧可……也」討論。） | |
| 3. 練習：<br>a. 你不喜歡打掃，可是你現在正在打掃，為什麼呢？<br>b. 請你說說，父母是怎麼愛子女的？ | 3. 討論三：反駁他人質疑（新的重點，尚未出現在影片中）<br>甲：我是軍人，我會______。有人問我，真的嗎？如果______。那麼我說，我寧可______，也要______。 | | |

資料來源：修改自王俊仁（2015 年 6 月）。翻轉教室在中高級語言點教學上的應用。陳雅芬（主持人），華語文教學，台灣師範大學華語文教學系暨研究所成立 20 週年暨國際學術研討會，台灣師範大學。

最後，王俊仁老師也強調，翻轉教室的影片錄製重點並非錄製、翻轉每一個語法點，而是依照教學經驗挑選學生容易混淆、使用錯誤，或是較實用的語法點進行翻轉，且翻轉時須把握一則影片一個主題的重點。此外，王俊仁老師也建議，教師所製的自學影片最好上傳至 youtube 或是任何學生熟悉的使用平台，以方便學生自學。

## 第三節　學思達於華語文中級綜合課之操作

如本書前面章節所介紹，學思達教學策略最初是中山女高的張輝誠老師所提出，其目的是爲了改善以往國文課過於著重形音義詞等細節，而導致往往小學而大遺的情況，因此其講義編製皆以問題爲核心，藉由講義的問題引導學生自學、思考與表達。然而，在外語（第二語言）學習中，形音義詞是學習的基礎，在進行更深度地思考與表達以前，學生須了解的是基礎的語言知識（如：生詞、語法等）且具備表達之能力。因此，在外語的學思達講義中，其編排形式會有些許不同，但其重點仍是引導學生自學、思考與表達。此外，教師在編製學思達講義時，也可參考本章第一節的華語文可用線上資源。

緊接著介紹的是：「學思達於華語文中級綜合課之操作應用」，此次的教學應用之對象爲南部某大學日、韓籍中級程度交換學生，使用教材爲《今日台灣：中級漢語課程》，其中以第五課「我愛紅娘」第一段課文爲示例予以教師們參考。表 8-3 爲學思達於華語文中級綜合課之講義示例，其講義編製參考林挺裕老師的國中英語學思達講義製作分享（https://sites.google.com/a/dlsh.tc.edu.tw/flipall/home/xue-sida-shi-shi-xin-de-fen-xiang/guozhongyingyuxuesidajiangyizhizuofenxiangkexiazaifujiano）。表8-3的講義涵蓋了生詞、語法與課文三部分。在生詞的部分，因學生爲漢字文化圈內的日韓籍交換生，所以講義設計塡寫拼音而非生詞，讓日韓籍學生在塡寫拼音時，能再次釐清其發音。此外，生詞部分也更著重於生詞的使用而非僅強調其生詞之意義，讓學生能夠透過講義自學與思考，並和同學討論、學習。語法的部分同樣設計讓學生先思考，而非直接提供語法規則。最後課文的部分則是以問題導向設計，由淺入深引導學生自學、思考與表達。

表 8-3
學思達於華語文中級綜合課之講義示例

| 一：先看課文，再寫生詞。 | | |
|---|---|---|
| 生詞 | 拼音 | 這個生詞怎麼用？ |
| 觀念 | | 1. 家庭觀念⇔沒有家庭觀念。<br>2. 如果一個人常遲到、常忘記時間。我們可以說：<br>他沒有________觀念。 |
| 對象 | | 1. 找對象／找好的對象。<br>2. 在傳統的中國社會裡，有些人的工作是幫忙人找對象。這些人叫……？<br>______________________<br>（hint：答案在課本的生詞表裡。） |
| 積極 | | 1. 積極（地）幫忙／積極（地）準備。<br>＊他很想交女朋友，所以大家都________________<br>__________。<br>＊這次的考試很重要，大家都__________________<br>__________。 |
| 尤其 | | 1. 在學過的中文裡，有沒有哪一個生詞的意思與用法和「尤其」很像？<br>______________________<br>（hint：我喜歡吃水果，○○是香蕉。） |

表 8-3
學思達於華語文中級綜合課之講義示例（續）

<table>
<tr><th>生詞</th><th>拼音</th><th>這個生詞怎麼用？</th></tr>
<tr><td></td><td></td><td>2. 你覺得這兩個生詞的用法一樣嗎？哪裡一樣／不一樣？<br>____________________<br>__________<br>（hint：哪一個生詞比較常在說話的時候用？哪一個生詞比較常在寫作文的時候用呢？）</td></tr>
<tr><td>嫁</td><td></td><td>1.「嫁」與「娶」這兩個和結婚有關的動詞，一個是男生用的字，一個是女生用的字。你覺得哪個字是給男生用的，哪個字是給女生用的呢？<br>__________<br>（hint：「嫁給你」通常是男生說還是女生說？「娶你」通常是男生說還是女生說？）<br>2. 想一想，為什麼？<br>____________________<br>____________________<br>（hint：請看字的結構。）</td></tr>
<tr><td>老公</td><td></td><td>1. ♂♀男女結婚以後的稱呼。<br><table><tr><td>老公</td><td>老婆</td></tr><tr><td>先生</td><td>太太</td></tr><tr><td>丈夫</td><td>妻子</td></tr></table>2. 猜一猜，老公公、老婆婆和老先生、老太太是什麼意思呢？<br>____________________<br>____________________</td></tr>
<tr><td>要緊</td><td></td><td>1. 學中文，最要緊的是練習。<br>來台灣留學，最要緊的是__________<br>____________________。<br>2. A：他還好嗎？怎麼沒來上課？<br>B：他是有些感冒，但是不要緊。</td></tr>
</table>

表 **8-3**
學思達於華語文中級綜合課之講義示例（續）

| 生詞 | 拼音 | 這個生詞怎麼用？ |
| --- | --- | --- |
| 平等 | | 1. 男女平等。<br>2. 想一想，「人生而平等」這句話是什麼意思？<br>______ |
| 口號 | | 1. 平等的口號。<br>＊在你們的國家有沒有「男女平等」這樣的口號呢？你覺得有這樣的口號真的讓男女平等了嗎？請說一說你的看法。<br>______<br>______<br>2. 自由的口號。 |
| 偏向 | | 1. A：畢業以後你想繼續念研究所還是直接找工作呢？<br>B：我比較偏向繼續念研究所。<br>A：C你呢？<br>C：我偏向不繼續念研究所，直接找工作。<br>〔問題〕：你呢？畢業後，你比較偏向繼續唸研究所還是直接找工作呢？為什麼？<br>______<br>______<br>______ |
| 接受 | | 1. 不（能）接受。<br>2. 說到台灣的小吃，我最不能接受的是______<br>______，因為______<br>______。 |
| 單身 | | 1. 單身⇔已婚。<br>2. 你們的國家可以接受不打算結婚的單身女性嗎？你覺得為什麼？<br>______<br>______ |

表 8-3
學思達於華語文中級綜合課之講義示例（續）

| 二：語法練習。 |
|---|
| 1. 不論 ＝ 不管。<br>找出課文裡「不論」的句子 ⇒ ________________<br>________________<br><br>＊他很喜歡中文課，下雨天他會去上課，颱風天他也會去上課。<br>⇒ 他很喜歡中文課，________________<br>（想一想，怎麼用「不論……，S. 都……」造句，讓句子更簡單！）<br>⇒ 他很喜歡中文課，________________<br>（想一想，還有沒有別的答案。Hint：用疑問詞——「怎麼樣」。）<br><br>＊請和同學一起想「不論」句型的規則。<br>________________<br>（hint：每一個句子裡除了「不論」以外，還會出現哪個字。）<br><br>＊「不論」和「不管」的用法一樣嗎？<br>________________<br>（hint：哪一個是比較常在說話的時候用呢？） |
| 2. 到底<br>找出課文裡「到底」的句子 ⇒ ________________<br>________________<br><br>＊他到底年紀比較大，不能接受男女平等的觀念。<br>他到底是個孩子，很多事他還不知道。<br>他們到底是相親結婚的，不夠了解彼此。<br>你覺得，這三句話中的「到底」是什麼意思呢？什麼時候用？請造句。<br>________________<br>________________<br>＊老公：老婆妳晚上想吃什麼？<br>老婆：都可以。 |

表 **8-3**
學思達於華語文中級綜合課之講義示例（續）

（接續）

老公：吃火鍋，好嗎？

老婆：不好，今天很熱。

老公：吃炒麵？

老婆：不要，我中午吃炒麵了。

老公：炒飯呢？

老婆：不要，我最討厭吃炒飯了。

老公：妳到底要吃什麼？

什麼時候會使用這個對話中的「到底」？請造句。

---

---

＊常常聽人家提到「紅包」，到底是什麼東西？

他不喜歡提過去，到底發生什麼事了？

什麼時候會使用這個對話中的「到底」？請造句。

---

---

三：看完課文，回答問題。

1. 為什麼在中國的社會裡，不論男女，只要過了三十還沒結婚，父母或親戚朋友都會積極地幫忙介紹對象呢？

---

---

2. 為什麼在中國的社會裡，女孩子嫁個好老公比找工作要緊呢？

---

---

3. 在現代化的社會裡，男女真的平等了嗎？請說原因。

---

---

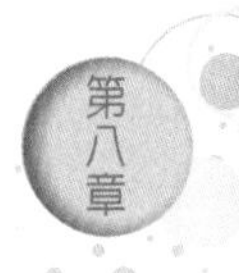




表 8-3
學思達於華語文中級綜合課之講義示例（續）

| 三：看完課文，回答問題。 |
| --- |
| 【課文】<br>中國人的家庭觀念很重（要），結婚生子（孩子）是一生中最重要的一件事了。不論男女，只要過了三十（歲）還沒結婚，父母或親戚朋友都會積極地幫忙介紹對象。尤其是女孩子，嫁個好「老公」，在許多人心目中（心中）可能比找個好工作要緊。在這個現代化的社會裡，男女平等的口號雖然流行，然而一般人到底還是比較偏向傳統（觀念：結婚生子是一生中最重要的一件事情），不太能接受不打算結婚的單身女性。 |

本次課堂操作以講義的第一部分——生詞作爲學思達的開端；學生藉由對照課本與講義來自學，並提供時間讓學生與同儕討論講義中的問題、和班上同學分享討論結果。在此過程中，教師退居引導角色，僅在討論出現困難時介入。第二部分語法與第三部分課文的操作相近，同樣提供學生約 5 至 8 分鐘不等的時間，讓學生運用講義自學語法或理解課文大意、討論問題與表達分享討論結果。此外，在每個階段結束以前，教師皆安排課堂活動再次確認學生之學習成效。以第一部分生詞爲例，教師運用記憶遊戲，讓學生記住漢字與拼音，並進一步讓學生以小組爲單位練習設計克漏字考題複習生詞；第二部分語法活動主要設計角色扮演，讓學生抽語法點和重要的關鍵字（如：到底／♂晚上的約會、西裝褲、牛仔褲；♀不論／晚上的約會、穿西裝褲、牛仔褲我都喜歡）；第三部分課文理解則著重於文化點的練習，以「第五課——我愛紅娘」的第一段爲例，文化點著重討論：「家庭觀念、男女平等」，教師提供眞實性語料（如：近五年台灣男女結婚的平均年齡與結婚率等）和學生一起探討相關議題。另外，補充相關生詞：敗犬、剩女、黃金單身漢等詞彙，並讓學生思考與討論爲何會

有這些生詞的出現。最後，教師在這三階段討論結束以前皆須再次引導、協助學生釐清難點並總結重點，並在課程結束前，給一至兩位學生上台分享台灣和他們國家在家庭觀念上的差異，以此爲該堂課程之總結。

然而，在此仍需重述的是，學思達的成功與否取決於講義的設計。因華語文學習爲第二語言學習／外語學習，所以教師在設計講義時可另外安排生詞和語法的學習，協助學生掃清正式閱讀時可能出現的障礙，同時鞏固基礎性的知識。最後，不論是翻轉教室亦或是學思達教學策略，教師在安排與準備課程時，須注意學生的需求，調整教學內容與方式，讓學生能有意識的學習有意義的內容。

# 翻轉教室學習評量表之問卷示例

# 國立 XX 大學交換生中文課—中級班問卷
# Questionnaire for the Intermediate-Level Chinese Language Class at XXXXX

親愛的同學：

非常感謝你寫這份問卷。這份問卷是想知道你對這門課的看法，您所寫的答案可以讓未來的中文課變得更好。這份問卷不會影響你的成績，所以請告訴老師你的想法。謝謝！

祝　學習愉快

Dear Student:

We appreciate your participation. This questionnaire is to help us gather your opinions about your learning experiences in this course. Your valuable answers will be key to improving the quality, and it will not affect your academic records. Thank you.

Best regards

《基本資料》Basic Student Information

1. 姓名 Name：________________

2. 在這門中文課以前，你在台灣或中國學過中文嗎？

   Have you learned Chinese either in Taiwan or in China before this class?

   □是的，學過大約________小時。Yes, around__________hours.

   □沒有　No, I haven't.

3. 在這門中文課以前，你在哪裡學中文呢？

Where did you learn Chinese before this class?

□ 日本，學過大約________小時。Japan, around__________hours.

□ 韓國，學過大約________小時。Korea, around__________hours.

□ 越南，學過大約________小時。Vietnam, around________hours.

□ 德國，學過大約________小時。Germany, around________hours.

□ 其他，________________，學過大約______小時。Other country.

4. 你喜歡以前的中文課嗎？Did you like your previous Chinese class?

□ 非常喜歡，因爲__________________。Yes, I liked it very much.

□ 喜歡，因爲______________________。Yes, I did.

□ 還可以，因爲____________________。Yes, I somewhat liked it.

□ 不喜歡，因爲____________________。Not really.

□ 非常不喜歡，因爲________________。No, I hated it.

5. 爲什麼選這一門課呢？Why are you taking this course?

□ 必修　　It's a required course for me

□ 別人推薦的　　Recommended by friends

□ 其他原因　　Other reasons, _________________________。

《和影片有關的問題》Concerning the instructional videos

| 這份問卷中說的「影片」就是老師每個星期放在 Facebook 上，和生詞與語法有關的影片。<br>"Instructional videos" mentioned in this survey are the videos that were uploaded to the Facebook group. |
|---|

1. 每次上課以前，你花多少時間看上課的影片？

   How much time in hours did you spend on learning the instructional videos each week?

   □超過一個小時　More than an hour

   □約一個小時　About an hour

   □不到一個小時　Less than one hour

   □常常沒準備　Rarely watched the videos.，因爲＿＿＿＿＿＿。

2. 上課的影片對你學習中文有沒有幫助呢？

   How effective did you find the instructional videos in helping you learn the content (e.g. text)?

   □非常有幫助　Very helpful

   □有幫助　Helpful

   □有點幫助　Somewhat helpful

   □沒幫助　Not helpful

3. 影片平均大約 12 分鐘，對你來說……

The average duration of the videos was 12 minutes. What do you think of it?

□太久　Too long for the given content

□剛剛好　Appropriate for the given content

□太短　Too short for the given content

4. 每次上課以前得看一部大約 12 分鐘的影片，這對你來說怎麼樣？

Typically, you were asked to watch about 12 minutes of instructional videos between each class session. What do you think of it?

□一部影片太多了　The amount was too much

□一部影片剛剛好　The amount watch was about right

□一部影片太少了　The amount was too little

5. 你覺得一邊看影片一邊作筆記有沒有幫助你學習呢？Did you find taking notes while watching the videos helpful for learning the content?

□我從來不做筆記　I never attempted this strategy

□非常有幫助　Very helpful for learning the content

□有一點幫助　Somewhat helpful for learning the content

□沒有幫助　Not helpful for learning the content

爲什麼？And why?

______________________________________________

______________________________________________

6. 你覺得回答影片裡的問題對你學習中文有沒有幫助？

Did you find answering the questions provided while watching the videos helpful for learning the content?

□ 我從來不作答　I never attempted this strategy

□ 非常有幫助　Very helpful for learning the content

□ 有一點幫助　Somewhat helpful for learning the content

□ 沒有幫助　Not helpful for learning the content

爲什麼？And why?

______________________________________________

______________________________________________

7. 用影片來學習生詞和語法，對你來說有沒有幫助？

Did you find working along with the videos helpful in learning the content <e.g. vocabulary and grammar>?

□ 我從來不看影片　I never attempted this strategy

□ 非常有幫助　Very helpful for learning the content

☐有一點幫助　　Somewhat helpful for learning the content

☐沒有幫助　　Not helpful for learning the content

爲什麼？ And why?

______________________________________________

______________________________________________

8. 整體來說，我覺得上課的影片內容……

In general, I found the content of the videos to be:

☐非常有趣　　Very interesting

☐有趣　　Interesting

☐有點有趣　　Somewhat interesting

☐不有趣　　Not interesting

9. 整體來說，我覺得上課的影片內容……

In general, I found the content of the videos to be:

☐太難　　Too difficult

☐剛剛好　　Appropriately challenging

☐太簡單　　Too easy

10. 請再多說一些你對這門課的影片的看法。

Please provide any additional comments related to the instructional videos in this course.

___

___

___

___

《和上課的活動有關的問題》Concerning the in-class activates

| 這份問卷中的「上課的活動」就是每次上課的練習。包括：遊戲、訪問，和同一組的同學完成一個練習。<br>"In-class activities" mentioned in the survey include playing games, interviewing a person, completing a task and so on. |
|---|

1. 上課的活動你覺得怎麼樣？

How valuable were these learning activities in this course?

□ 非常好 Extremely valuable

□ 好 Valuable

□ 還可以 Somewhat valuable

□ 有點浪費時間 Somewhat of a waste of time

□ 浪費時間 Waste of time

□ 非常浪費時間 A big waste of time

2. 請排名。最喜歡的是 1，最不喜歡的是 5。

Please provide a ranking in terms of engagement for each in-class activity type. From 1（most engaging）to 5（least engaging）.

□ 老師複習影片中的生詞和語法。

Previewing the content previously introduced in videos

□ 課文的練習；看完課文回答問題。

Answering the questions about the passages

□ 介紹新的內容，比如文化。

Introducing new cultural concepts

□ 小組活動，練習在影片中學過的生詞和語法。

Group activities to practice the vocabulary and grammar previously introduced in videos

□ 個人活動，文化比較。

Working on assigned projects with individual instructor support

爲什麼？And why?

_______________________________________________

_______________________________________________

_______________________________________________

3. 請排名。最能幫助你學習中文的是 1，最不能幫助你學習中文的是 5。

Please provide a ranking in terms of helpfulness for each in-class activity type. From 1（very helpful）to 5（least helpful.）

□老師複習影片中的生詞和語法。

Previewing the content previously introduced in videos

□課文的練習；看完課文回答問題。

Answering the questions about the passages

□介紹新的內容，比如文化。

Introducing new cultural concepts

□小組活動，練習在影片中學過的生詞和語法。

Group activities to practice the vocabulary and grammar previously introduced in videos

□個人活動，文化比較。

Working on assigned projects with individual instructor support

爲什麼？And why?

________________________________________

________________________________________

________________________________________

________________________________________

4. 整體來說，我覺得上課的活動……

In general, I found in-class activities to be:

□ 非常有趣　Very interesting

□ 有趣　Interesting

□ 有點有趣　Somewhat interesting

□ 不有趣　Not interesting

5. 整體來說，我覺得上課的活動……

In general, I found in-class activities to be:

□ 太難　Too difficult

□ 剛剛好　Appropriately challenging

□ 太簡單　Too easy

6. 請再多說一些你對這門課的課堂活動的看法。

Please provide any additional comments related to the in-class activities in this course.

______________________________

______________________________

______________________________

______________________________

《和你有關的問題》General impact of the course on you

1. 我覺得我在這門中文課學了很多。I learned a lot taking this course.

□ 非常同意　Strongly agree
□ 同意　Agree
□ 有點同意　Somewhat agree
□ 有點不同意　Somewhat disagree
□ 不同意　Disagree
□ 非常不同意　Strongly disagree

2. 這門中文課讓我更喜歡中文了。

After this course, I like learning Chinese more than before.

□ 非常同意　Strongly agree
□ 同意　Agree
□ 有點同意　Somewhat agree
□ 有點不同意　Somewhat disagree
□ 不同意　Disagree
□ 非常不同意　Strongly disagree

3. 這門中文課讓我更有自信學中文。

I am more confident in my ability to learn Chinese than I was before taking this course.

□非常同意　Strongly agree

□同意　Agree

□有點同意　Somewhat agree

□有點不同意　Somewhat disagree

□不同意　Disagrce

□非常不同意　Strongly disagree

4. 請再多說一些你對這門課的看法。

Please provide any additional reflections about your experience in the course.

《有關這門中文課》In general

1. 你覺得這門課怎麼樣？How valuable was this course to you?

□非常好　Extremely valuable

□好　Valuable

□還可以　Somewhat valuable

□ 有點浪費時間　Somewhat of a waste of time

□ 浪費時間　Waste of time

□ 非常浪費時間　A big waste of time

2. 你會不會推薦這門課給其他學生？

Would you recommend this course to another student?

□ 一定會　Absolutely yes

□ 會　Yes

□ 可能會　Probably

□ 不會　Unlikely

□ 完全不會　Extremely unlikely

您，
了沒？

國家圖書館出版品預行編目資料

翻轉教室的理論與實務／潘奕叡、吳明隆著. — 初版. — 臺北市：五南，2016.09
面； 公分.
ISBN 978-957-11-8705-1（平裝）

1.教育改革

520 105012690

1IZI

# 翻轉教室的理論與實務

作　　者 — 潘奕叡　吳明隆(60.2)
發 行 人 — 楊榮川
總 編 輯 — 王翠華
主　　編 — 陳念祖
責任編輯 — 李敏華
封面設計 — 陳翰陞　吳詩翎
出 版 者 — 五南圖書出版股份有限公司
地　　址：106台北市大安區和平東路二段339號4樓
電　　話：(02)2705-5066　　傳　　真：(02)2706-6100
網　　址：http://www.wunan.com.tw
電子郵件：wunan@wunan.com.tw
劃撥帳號：01068953
戶　　名：五南圖書出版股份有限公司
法律顧問　林勝安律師事務所　林勝安律師
出版日期　2016年9月初版一刷
定　　價　新臺幣300元

凝煉知識品味閱讀